KOICHI MERA
目良浩一

アメリカに正義はあるのか

グレンデール「慰安婦像」撤去裁判からの報告

ハート出版

アメリカに正義はあるのか

——グレンデール「慰安婦像」撤去裁判からの報告

はじめに

この本を書くにあたり、まず最初に感謝したいのは、裁判を始めた直後に日本に帰り、衆議院議員会館の大会議室で「帰国報告会」を開催した時に集まっていただいた、四〇〇人余の方々から受けた情熱である。熱気にあふれるその会場で我々を激励していただいた。さらに、それに続く二万人余の方々から、寄付金による支援をいただいた。それらの支援が、三年を越すアメリカでの慰安婦像撤去裁判を続けさせる原動力となった。感謝に堪えない。

アメリカでは、慰安婦問題は、まったくと言ってよいほど知られていない。知っている人でも、韓国の挺対協などからくる風説や、マイク・ホンダ元下院議員の主張している日本責任論くらいである。

このような状況の中で、我々は、グレンデール市の実施した慰安婦像の設置は米国の憲法に違反する、という憲法論で戦った。グレンデールのような地方自治体が、連邦政府が

もくじ

はじめに　003

第一章　日本人の名誉を保つために　013
慰安婦像の背景
慰安婦像建立に関する公聴会
日本史を学ぶ「日本再生研究会」の発足
慰安婦記念碑の建立
日本人たちの反応

第二章　グレンデール市を提訴する　041
慰安婦像設置に対する反響
ブエナ・パークでは設置案が敗退

訴訟戦略の検討
訴状の作成と組織の確立
訴状の概要
メディアに向けた記者会見

第三章 中韓「反日」団体からの反撃 067
フォーブス記事のインパクト
アミカス・キュリエ（意見書）の提出
身辺に迫る危険

第四章 在米日本人と日系アメリカ人 081
日系アメリカ人は「アメリカ人」である
裁判に反対する日系アメリカ人
サンフランシスコでの公聴会と元慰安婦
日系人リーダーの存在
日系ブラジル人との対比

第五章　アメリカにおける情報戦　097

アメリカ人に「日本の常識」は通用しない
ルーズベルト神話と慰安婦性奴隷説
英語の文献が圧倒的に足りない
マイク・ホンダ議員と下院一二一号決議の背景
吉田清治の著書を根拠とする英語文献

第六章　グレンデール市 慰安婦像撤去裁判の経過　113

連邦地方裁判所に提訴
グレンデール市と、その協力者たちの反応
連邦地方裁判所の判決メール
連邦控訴裁判所への控訴
カリフォルニア州裁判所への提訴
連邦控訴裁判所の判決
米国最高裁判所への審理請求と、その結果

カリフォルニア州裁判所の判決
カリフォルニア州控訴裁判所への控訴と判決
裁判への寄付金
裁判費用の積算

第七章　裁判から得られたもの　149

プロジェクトの検証
裁判の費用について
裁判から得られたもの
①日本国民の覚醒と共感
（国民の覚睡／有言実行／アメリカへの宗主国意識の解除／民間の機動力）
②米国における慰安婦像の設置に対する抑止力
③日本政府の政策転換
④官民一体の意思表明
⑤アメリカ人へのインパクト
⑥世界への影響
⑦ＧＡＨＴへの信頼

第八章　日本政府の慰安婦問題への対処　171
二〇一五年の日韓合意
日本政府の意見書の効果
日本政府の意見書の内容
日本政府の今後の対応

第九章　裁判を終えて　189
アメリカに正義はあるのか
この裁判で達成したこと
今後の課題

巻末資料　207
①「告訴状 抄訳・二〇一四年二月二〇日」
②「連邦第九巡回区控訴裁判所判決（抄訳）」
③「日本政府による意見書（ＧＡＨＴによる日本語訳）」

グレンデール裁判年表

作成：GAHT-US Corporation

日付	米国連邦裁判所	カリフォルニア州裁判所
2013年		
7月9日	グレンデール市慰安婦像設置を決議	
7月30日	グレンデール市慰安婦像を公園に設置	
2014年		
2月20日	連邦地方裁判所に撤去要求の提訴	
4月13日	フォーブス誌に中傷記事	
4月17日	メイヤー・ブラウン弁護士事務所撤退	
5月13日	抗日連合会「意見書」提出	
7月22日	KAFC「意見書」提出	
8月4日	**原告敗訴**	
9月3日	連邦控訴裁判所に提訴通告	カ州地方裁判所に提訴通告
9月18日		訴状提出
10月	弁護士団再編	
12月7日		第二次修正提訴状提出
2015年		
2月23日		再反論提出
3月13日	控訴裁判所に控訴状提出	
4月29日	抗日連合会「意見書」提出	
5月5日		**第一審判決：棄却、アンタイ・スラップ採択**
5月20日	KAFC「意見書」提出	
7月10日		アンタイ・スラップ罰金の審理
8月9日		**罰金の確定：１５万ドル余**
10月26日		州の控訴裁判所に控訴状の提出
2016年		
4月14日		グ市の反論に「再反論」提出
6月7日	控訴裁判所で審理	
8月4日	**判決：原告は資格あるが、申請棄却**	
8月9日		控訴裁判所で審理
9月16日	控訴裁判所に再審査請求	
9月26日	日本の２団体が「意見書」提出	
10月13日	**控訴裁判所再審査却下**	
11月23日		**控訴裁判所判決、上告を棄却**
12月15日		控訴裁判所に再審査請求
12月23日		**控訴裁判所が再審査棄却**
2017年		
1月10日	最高裁判所に再審理請願	
1月23日	最高裁判所、申請書受理	
2月22日	日本政府が「意見書」提出	
2月22日	グ市が反論提出	
3月10日		グ市、控訴時のアンタイ・スラップ罰金請求
3月27日	**最高裁判所、再審理請求却下**	
4月21日		罰金請求への反論提出
5月4日		**罰金についての審理開廷、１３万ドル余決定**
8月17日		罰金支払い完了

第一章

日本人の名誉を保つために

慰安婦像の背景

一九四五年にアジアでの第二次世界大戦が終了し、東京裁判やＢＣ級裁判などがあったが、その際に日本の軍隊が利用した慰安婦の人権が問題になることはなかった。

慰安婦は、軍人を相手とした職業婦人であったが、当時の日本国では売春が職業として認められていたし、彼女らは高額の報酬を受け取っていたので、特殊な労働者ではあったが、違法行為ではなかった。

それが日本国を貶《おとし》める手段として利用され始めたのは、一九九一年八月一一日の朝日新聞掲載の記事が、きっかけであったと言えよう。その記事は、植村隆記者によるもので、以前に慰安婦であった韓国女性が名乗り出て、「韓国挺身隊問題対策協議会」（挺対協）が聞き取り調査を始めたというものであった。当時の日本の新聞では、それらの女性に日本政府は謝罪して、補償すべきであるという意見が支配的であった（西岡力《つとむ》『正論』二〇一四年一二月号）。当時はまだ、吉田清治の著書『私の戦争犯罪・朝鮮人強制連行』

（一九八三年、三一書房）に書かれた「慰安婦狩り」が真実であると、多くの人に信じられていた。

このような日本の世論の動きに便乗したのが挺対協であった。彼らは「慰安婦問題」を、日本および日本人を貶める絶好の手段であると認識したのである。

言うまでもなく、戦前・戦中の日韓問題は、一九六五年の日韓基本条約で、すべて「最終的に」解決している。日韓基本条約に付随する「日韓請求権並びに経済協力協定」は、第二条で次のように規定している。

「日韓両国は、両国及びその国民（法人を含む）の財産、権利及び利益並びに国家及びその国民の間の請求権に関する問題が、完全且《か》つ最終的に解決されたこととなる事を確認する」

そして、第一条において、日本は韓国に三億ドルを無償で給付し、二億ドルを長期低利で貸し付けることを約束したのである。このことはすなわち、韓国側の個人の請求権も、この協定によって韓国政府が対処することになったということである。

しかし、韓国の元「慰安婦」たちは、この協定に「慰安婦」が明示されていないことを理由として、日本に謝罪と補償を要求し始めた。一九九二年一月に訪韓した宮澤喜一首相は、韓国で謝罪を繰り返し、その後に就任した村山富市首相は、一九九五年七月にアジア女性基金を設立して、元慰安婦であったと称する女性に、謝罪文とともに「償《つぐな》い金」を支払うことにした。

この動きを国連が察知し、一九九六年には、特別報告者のラディカ・クマラスワミ女史が慰安婦についての報告書を作成し、慰安婦たちは「性奴隷」であったと宣言した。

この判断は、米国の日系下院議員（当時）のマイク・ホンダ氏に引き継がれ、二〇〇七年には、米国議会の下院で日本非難決議が採択された。

日本との競争心が強く、特に米国では日本の後塵を拝している傾向のあった在米韓国人にとっては､好都合の道具が降ってわいたことになる。米国における人口の増加率が高く、数において日本人を凌駕してきている彼らは、この「慰安婦問題」によって、日本人を蔑《さげす》むことができると考えた。

そこで彼らは、米国人の日本に対する認識を悪化させて相対的に韓国人の評価を上げることを目的とし、そこには同時に、日本に代わって韓国をアジアにおける米国の最善の友好国とすることも、狙いのうちに入っていた。また、この運動は北朝鮮政府の政策にも影響されており、日本と米国の関係を悪化させて、日米の同盟関係を崩そうという狙いもあった。

このような目的で、最初の米国における慰安婦記念碑は、二〇一〇年一〇月に、ニューヨーク市からハドソン川ごしのニュージャージー州パリセイド・パーク市にある、公立図書館の入り口に建てられた。

それは、一枚の岩板に、兵士が女性を威圧する図が彫られたもので、それに並んで碑文が彫られている。そこには、「一九三〇年代から一九四五年までに日本帝国政府の軍隊によって二〇万人以上の女性や少女が拉致されて『慰安婦』とされ、何人《なんびと》といえども無視できない人権の蹂躙に耐え抜いたことの記念である。人道に対する罪の恐怖を忘れるべきではない」と記されている。

この記念碑が設立されたあと、自民党の参議院議員、山谷えり子氏をはじめとする政治家がパリセイド・パーク市に赴《おもむ》いて抗議をおこなったが、市は、まったくまじめに対応しなかった。この市は、アジア系の住民の比率が五八パーセントに達しており、その多くは韓国系であり、現在も、反日の感情が支配している。

その後、二〇一三年六月までに、ニューヨーク周辺に三つの記念碑が建てられた。そしてカリフォルニアでは、ガーデン・グローブにある民間商業施設の中に、同様の記念碑が建てられた。それらの記念碑に書かれた碑文は同様であるが、二〇一二年六月に建てられたニューヨークのウエストベリーと、二〇一二年一二月に建てられたガーデン・パーク、二〇一三年三月に建てられたニュージャージー州ハッケンサックのものには、「性奴隷」という言葉が明示されている。

慰安婦像建立に関する公聴会

カリフォルニア州のグレンデール市は、ロサンゼルス市の北に位置する人口一九万人の中都市である。この都市は、一九六〇年から東大阪市（当時は牧岡市、一九六七年に他の二都市と合併）と姉妹都市の関係を結び、東大阪市は毎年のように訪問団を送って交流を続けてきた。市内には東大阪市が寄贈した茶室のある日本家屋と庭園があり、日米文化の交流のために使われてきた。

この日本びいきのグレンデール市が、二〇一二年ころから、韓国系住民の増加とともに、急激に韓国と親しくなってきたのである。

この市には、トルコの圧力から逃亡してきたと思われるアルメニア人も多く居住しており、人口の四割程度がアルメニア系の人である。一方、韓国系の人は一割程度を占める。

多くのアルメニア人は、同じように日本の圧政に苦しんできたと言っている韓国人に同情しているようである。さらに、この慰安婦像建立運動を実らせるにあたって、一人の行動力ある韓国系の職員がいた。

最初の動きは、韓国の市をグレンデール市の姉妹都市にすることであった。今までゼロであった姉妹都市を、突然、四都市を姉妹都市にするように韓国側が申し出てきた。

当時グレンデール市長であったデーブ・ウィーバー氏は、それはあまりにも急激な変化であるとして、四都市すべてを姉妹都市にすることは承諾しなかったものの、そのうちの二都市を、姉妹都市よりも親密度が一段低い「友好都市（フレンドリー・シティ）」にすることにした。これが二〇一二年のことである。

それと同時に、韓国側からの市議会議員への韓国招待攻勢が始まった。二〇一二年当時に市長をしていたフランク・クインテロ氏は二回、市長のウィーバー氏を除くほかの議員は一回、招かれている。

　こうして招待されたときに、市会議員は、慰安婦だった女性の悲惨な身の上話や、「河野談話」を含む慰安婦の歴史についての（大部分が作られた）話を聞かされ、「女性の人権を擁護する」ために慰安婦の像を設置することこそが、世界の平和を推進するためにグレンデール市が率先しておこなうべき行為であると、教え込まれて帰国した。

　そのほかにも、さまざまな方法でグレンデールの市会議員を説得したのであろうが、具体的な手段については不明である。もちろんこのような行動は、北朝鮮の影響下にある挺対協の、直接または間接的な指示と資金供給によってなされたものと我々は理解している。

　二〇一三年七月三日（水）、我々は、慰安婦像の建立に関してグレンデール市が九日（火）に公聴会を開くという情報を、この問題について話し合っていた水島一郎氏と高橋光郎氏から得た。この情報は、木曜日に市のウェブサイトに公示された。そこで行動開始である。

　そのとき私はロサンゼルスで、歴史の勉強会を定期的に開催していたので、この問題に関心のある日本人を何人か知っていた。それらの人たちに連絡し、火曜日の公聴会に出席して、反対意見を述べるように話をした。彼らには、反対の理由をいくつか挙げて、その中から好きなものを選んで、述べるように勧めた。さらに、他の日本人も反対声明をするように、知人を勧誘した。

さて当日の七月九日、火曜日である。我々は、公聴会開催の二時間前に、グレンデール市庁舎に近いファミリー・レストランに集合して、公聴会における行動を話し合った。そして、一時間前には、公聴会が開かれる二階の市議会室に入った。まだほとんど聴衆は来ていない。そこで最前列に着席した。

発言を希望する人は、カードに名前を記入せよとのことであったので、カードに記入して、担当者に渡した。日本人がかなり入室してきた。しばらくすると会議室はほとんど満員になった。

聴衆席は一〇〇席くらいであったが、その八割くらいが日本人で占められた。そのあとで来場した人たちは、別室に案内されて、テレビで会議の進行を視聴することになった。

いくつかの議題が議長から提出されたあと、グレンデール市のセントラル・パークに慰安婦像を設置する案件が出された。

グレンデール市での公聴会の様子

この案件は、前年の市長であるフランク・クインテロ氏から提出され、慰安婦像とそれが建立される場所が図面で示され、テレビ画面に大きく映し出された。

慰安婦像のそばには碑文が置かれるようになっていたため、一人の議員から碑文の内容についての質問があった。それに対して市の担当職員は、「ここには、単に慰安婦を記念する言葉が入ります」とだけ答えた。これは、まともな回答を回避するための、逃げ口上であった。

そのあとで、一般の聴衆からの発言が始まった。議長は、各人の発表は二分間に限ると声明した。議長が名前を呼び、呼ばれた人が市会議員たちの正面に出て、マイクの前で発言するのである。

日本人による反対発言が続いた。私の番が来た。前置きをして、三つの反対理由がありますと発言し、最初の一つの理由を説明しているときに、二分間が終了した。

その一つめの理由とは、韓国系の宣伝している「慰安婦」の物語というのは捏造された話であり、歴史的な事実ではない、というものであった。

次に指名された日本人が、自分の時間を目良氏に譲りたいと申し出てくれたが、許されなかった。

発言者からは、いろいろな反対理由が述べられた。アメリカ社会は人種の坩堝《るつぼ》であり、異なる民族が集まって、協力し合って、作り上げてきた社会であるので、特定の民族を糾弾するような記念碑は設立すべきでない、とか、慰安婦問題は日本と韓国間の国際問題であるので、米国が関与すべき問題ではないとする主張もあった。また、この問題は国際問題であるから、連邦政府が対応すべき問題であり、地方自治体であるグレンデール市が対処すべき問題ではない、という主張もあった。

すべての発言が終了した時、賛成の発言者はたったの七名であり、反対者の発言は二五名であった。反対者は全て日本人であり、日系アメリカ人は皆無であった。一方の賛成者は

モニターに表示された公聴会における著者

韓国人、または、韓国系のアメリカ人であった。

発言した韓国系の人たちが皆、流暢《りゅうちょう》な英語で話したのに対して、反対した日本人は、大体において訛《なま》りのある英語であった。だが、みんな真剣であった。そして私は、これほど多数の日本人が、アメリカの公共の場所で、反対意見を英語で述べたということ自体が、歴史的な事件であったと思う。

《だが、この公聴会については、後日談がある。この公聴会に出席することなく、インターネットを通じて見ていたロサンゼルスの日本総領事館のある職員は、これらの日本人の意見表明に対して「皆、英語がヘタだな」と述べたというのである。自分の国の名誉が掛かっている公聴会に、自《みずか》らは出席せずに、真剣に努力をしている国民に侮蔑の言葉を吐いたのである。総領事館は何のために設けられているのであろうか》

私たちの意見表明に続いて、市議会議員の発言があった。例のクインテロ氏が、慰安婦たちが経験したといわれる悲惨な状況を長々と説明したあと、「日本人は自分の国の歴史を知らないのだ」と、我々の反論をまとめて非難した。これは、その場に出席していたすべての日本人に対する、まったく非礼な侮辱である。

また、女性議員のローラ・フリードマンは、「この決定で、グレンデールという小さな町が、世界地図に載るようになる！」と叫んだ。

彼らには発表の時間制限はない。それぞれが自説を延々としゃべるのである。

議長である市長のウィーバー氏は、こうした慰安婦問題を避けて、この公園には再開発の計画があり、したがって計画がまだ決定していない状況のもとでは、指定の場所に記念碑を設置することに反対であると述べた。

市会議員の発表が終わると、議長は各議員に、採決のための意思表明を促《うなが》した。ウィーバー市長以外は賛成し、市長だけが反対したので、四対一で、議案は承認された。公聴会で発表された意見とは、まったく逆の決定である。

これで会合は終了となり、皆は憤懣《ふんまん》やる方ない思いで帰途についたが、市庁舎の前では、韓国系のグループが記念写真の撮影に取りかかった。小学生くらいの子供も入っており、リーダーの指導のもとに整列して、プラカードを持って並んでいた。

明らかに、どこかの教会グループのようであった。つまり彼らは、どこかの指導・指令のもとに行動しているのである。そして、ローカル・ニュースを扱うテレビ局の車が、それらの動きを撮影していた。我々のように、個々人の意思でもって集まった人たちとは、まったく異なる集団である。

市議会の決議を祝って撮影に臨む韓国系団体

このような結果に、出席した日本人は怒り心頭に達した。皆、第二言語の英語で、真剣に反対意見を述べた。繰り返すが、アメリカのこのような公の場所で、多数の日本人が反対意見を述べたことは、おそらく初めてであろう。

反対の理由はいろいろとある。この像の提案は日本人にとって好ましくない。第一に、慰安婦の話自体が作られたものである。次に、この像は、韓国側が言っているような女性の人権とか世界の平和といった高尚な目的のためではなく、明らかに日本を非難することが目的のものである。しかも、クインテロ市議は我々に向かって、堂々と「君たちは自分の国の歴史を知らない」と侮辱したのである。

会議が終了したあとで、日本人出席者の中の二五人くらいが再びファミリー・レストランに集まって、会議の内容を確認し、今後の対策について話し合った。「これを何とかしなければならない」というのが、参加者の共通した意見であった。しかし、具体的にどうするかについては意見がまとまらず、検討課題であるということで、この日は解散した。

日本史を学ぶ「日本再生研究会」の発足

このような、グレンデールでの公聴会に至る我々の行動の背景となるものとして、まず、我々の歴史勉強会について知っていただくのが良いと思う。

私はそれまで、主に大学で教えることを主要な仕事としてきた。東京大学では建築を丹下健三教授のもとで勉強し、ハーバード大学では経済学のジョン・マイヤー教授のもとで地域経済学を勉強し、Ph.D.（博士号）を取得した。

その後は、ハーバード大学の助教授として経済学を、筑波大学では社会工学系の教授として、都市経済学や都市計画などを教えた。その間にも、国際機関である世界銀行で、さまざまな開発途上国における都市開発を実地指導してきた。

東京国際大学およびその後の南カリフォルニア大学では、都市計画以外に公共政策学、アジア研究、国際ビジネスなども教授した。そして、アメリカでは定年はないものの、七〇歳を越えて、大学で教えることに限界を感じ始めたのである。

それは、日本に関する感情から来たもののようであった。日本の政府高官は、戦後、中国や韓国に注文を付けられると、すぐに謝罪するのが常であった。インターネット上の百科事典ウィキペディアで「日本国の謝罪」を英語で検索すると、なんと四〇回もの謝罪がなされたという情報が得られる。そのほとんどが、総理大臣や外務大臣などの、国を代表する人々によるものである。しかも、一九八〇年以前はほとんどなく、それ以後に多発しているのである。

米国の政府高官は、謝罪するようなことは決してない。なぜ、日本の場合には謝罪するのか。これが大きな疑問であった。

そして、戦後すでに何十年を経てきているのにもかかわらず、日本は完全にアメリカの属国となって行動している。まず、防衛。日本は、アメリカの軍事的な保護なしには国を防衛できない。

国内の政策にしても、アメリカが注文を付けて、日本が従うのである。クリントン時代には、それが年次協議として形式化されていた。だが、協議とは言うものの、流れは一方的で、米国の要請が日本で実現することになっている。

このような屈辱的なことが敗戦の結果であることは間違いないのである。しかし、それでは日本はなぜ真珠湾のアメリカ海軍を襲ったのであろうか。日本では、アメリカが、日本の侵略を咎《とが》めて阻止しようとしたので戦争を始めたという説が有力であるが、歴史的な事実は果たしてどうなのか。戦争を体験した者として、このような疑問には明確に答えて、子孫に伝えてゆく義務があるであろう、という考えが私の中で強まってきた。

そこで私は、二〇〇六年の秋に、南カリフォルニアの東大同窓会や日米協会などにお知らせを出して、歴史に関する読書会を開くことを提案した。

その年の一〇月に最初の会合をリトル・トーキョーのホテルの会議室で開き、その後は毎月最初の日曜日に会合を開き、太平洋戦争(大東亜戦争ともいう)の前後の歴史を日米の書物から検討してゆくこととした。この勉強会(のちに「NPO日本再生研究会〔南加〕」として団体登録をした)から得られたことは、極めて重要であった。

この戦争は、日本のアジア侵略ではなく、米国がヨーロッパの戦争に参加することを目的として日本を厳しく圧迫したために起こったものであった。そのアメリカの日本圧迫政策の背後には、ソ連のスターリンの姿が明瞭に見えるのである。つまり、日本は罠《わな》にかかったのである。

このような陰謀を隠すために、戦後、東京裁判がおこなわれ、日本には「侵略国家」という烙印が押された。しかし、その裁判は、国際法的に何らの根拠もないもので、戦勝国が勝手にでっち上げたものであることが明白になったのである。米国の学者でさえも、東京裁判を「勝者の正義」と称している（リチャード・マイニア）。

この研究会は、常時二〇人程度の参加を得て開かれて、現在でも続いている。これらの教訓を得た者が、慰安婦問題に対して、極めて強い違和感と嫌悪感を持っていたのは当然であった。韓国側の説が米国で流布されると、日本人は悪徳人種であるとされて、差別される。そして、一度そのような差別感が広がると、なかなか消滅しない。おそらく、一〇〇年かそれ以上にわたって人々の心に残り、日本人の子孫が、長く悩み続けるであろうという危惧が、我々の脳裏を襲ったのである。グレンデールの公聴会で、多くの日本人が反対を叫んだ背景には、このような動きがあったのである。

慰安婦記念碑の建立

グレンデール市は、七月三〇日を慰安婦記念日と宣言して、二〇一三年七月三〇日にセントラル・パークで、慰安婦記念碑の除幕式をおこなった。七月三〇日は、二〇〇七年の

除幕式の様子

この日に、米国議会の下院で、慰安婦に関する日本非難決議案が採択された日である。この下院の決議が、実はアメリカにおける諸悪の根源なのである。

この決議案は、一九九六年の国連の特別報告者クマラスワミ女史の報告書に大きく依存しているのであるが、日系アメリカ人のマイク・ホンダ議員が主唱して、他の議員の賛同を得て提案したものである。だが、採決の時には、ほんの一握りの議員しか議場に残っていなかったと言われている。

当時の日本は第一次安倍晋三内閣の時期で、首相は訪米して、この提案を深く懸念し、それを廃案にするために、婦女子の強制連行はなかったことを明言したりしている。そして、この日本非難決議に強い反対の意見を表明した。

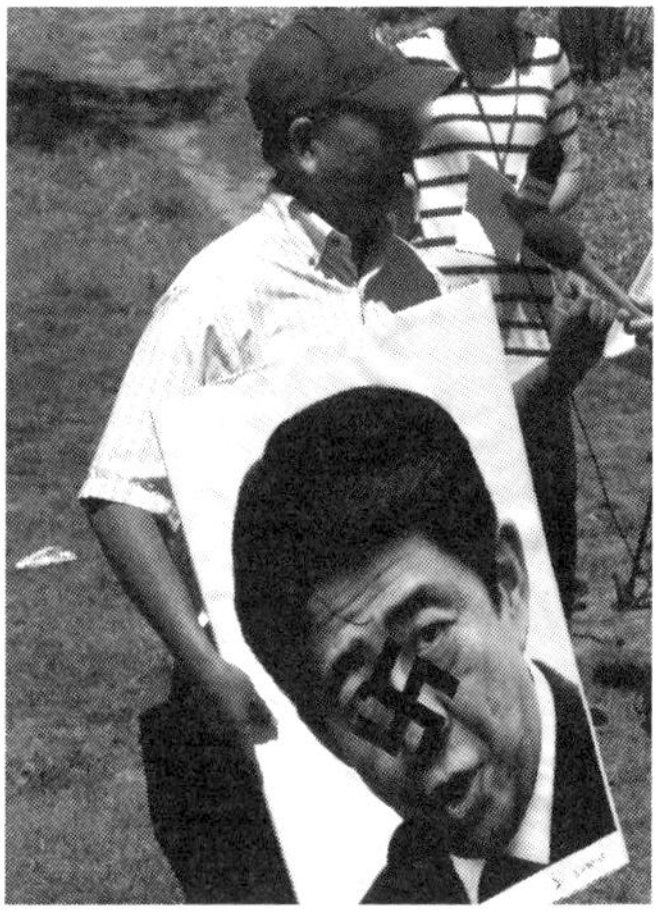
除幕式における反日運動

しかし、米国メディアは、それが国粋主義者の強弁であり、安倍総理は米国に挑戦する危険な人物であると解釈し、かえって決議案の支持者を増やすことになってしまった。

また、元慰安婦であったと称するイ・ヨンス（李 容洙）氏の熱演に押されて、日本の有志が自費で掲載した六月一四日のワシントン・ポスト紙上の高価な意見広告も、むしろ反感を買うことになった。日本の保守派は、情報戦で完全な敗北を喫したのである。

グレンデールの除幕式に参加したのは、ほとんどが、韓国系の人であった。彼らは、その記念碑が「平和記念碑」であるはずなのに、日本国の総理大臣を侮辱するプラカードを掲げ、反日を強く表明していた。

そして、参加者の中には、日系アメリカ人も含まれていた。そこで祝辞を述べた日系人の一人は、キャシー・マサオカ女史という、著名な運動家である。彼女はほかの日系アメリカ人と同じように、大東亜戦争の勃発後に人権を無視されて収容所に入れられた経験から、人権の侵害に異常な関心を持っている。

グレンデール市の中央公園（セントラル・パーク）に設置された慰安婦像

そして、「慰安婦問題」についても、多数の女性が不当な人権侵害を受けたのだと信じて、韓国側の運動に参加しているのである。そのために、グレンデール側は「日系人も慰安婦像の建立に賛成している」と言明し、日本から来た日本人が例外なのであり、「極右の国粋主義者」だから反対しているのだと、今でもそう宣伝しているのである。

除幕された慰安婦像は、以前にソウルの日本大使館前に建てられた慰安婦像とほとんど同じもので、その隣には椅子だけが置いてある。

問題は、記念碑の基礎になっているコンク

リートの中に埋められている石版である。そこには、下記のような文言が彫り込まれている（以下は、その和訳と原文）。

①日本帝国の軍隊によって一九三二年から一九四五年の間に、朝鮮、台湾、日本、フィリピン、タイ、ベトナム、マレーシア、東ティモールおよびインドネシアの住居から狩り出され、性奴隷にされた二〇万人以上のアジアとオランダの女性を記念して。

In Memory of more than 200,000 Asian and Dutch women who were removed from their homes in Korea, China, Taiwan, Japan, the Philippines, Thailand, Vietnam, Malaysia, East Timor and Indonesia, to be coerced into sexual slavery by the Imperial Armed Forces of Japan between 1932 and 1945.

②さらに、二〇一二年七月三〇日にグレンデール市がこの日を「慰安婦の日」と宣言したことと、二〇〇七年七月三〇日に米国国会の下院が、日本政府がこれらの罪に対しての歴史的な責任を承諾することを要望した、下院の決議一二一号が採択されたことを祝して。

And in celebration of proclamation of "Comfort Women Day" by the City of Glendale on July 30, 2012, and of passing of House Resolution 121 by the United States Congress on July 30, 2007, urging the Japanese Government to accept historical responsibility for these crimes.

③これらの非道な人権侵害が将来において再起しないことが、我々の心からの願いである。

It is our sincere hope that these unconscionable violations of human rights shall never recur.

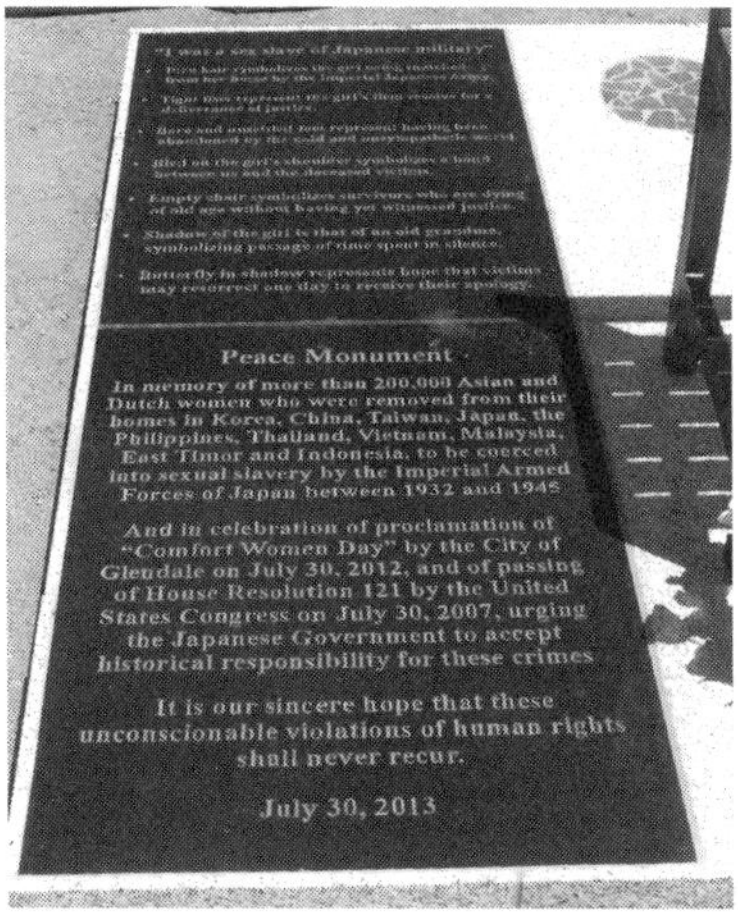

慰安婦像の脇に設置された石碑

以上の文言には、多くの問題がある。第一は、「女性が住居から狩り出された」という表現で、強制連行を意味している。今までの政府の調査では、強制連行した事例はない。

第二は、八つの国または地域の名前が出されているが、本当にそれらのすべてから慰安婦が出ているのかどうかであり、第三は、二〇万人以上の慰安婦が果たしていたのかどうかである。信頼できる学者による推計では、実際の数字はその一〇分の一程度である。

第四は、それらの女性が「性奴隷」となることを強制されたとしている点である。「奴隷」とは、なんの自由もなく、仕事を強制される人であるが、実際にはそうではなかった。

そして②のパラグラフでは、「日本政府が罪を犯した」と断言している。また、③のパラグラフでは再び、日本が人権侵害を犯したことを前提として日本を非難している。これらはすべて、クマラスワミの軽率な報告書から取り出したものである。

これらの文言は、七月九日の市議会においては、前に示したように、議員の質問に答えて単に「慰安婦を記念する言葉が入る」としか説明がなかった部分である。もし内容を具体的に示せば、反対勢力が勢いを増すので、わざと伏せておいたとしか考えられない。誠に卑怯な、グレンデール市側の手法である。

日本人たちの反応

この碑文を読んで我々は、ますますこの記念碑を何とかしなければならないと感じた。

それに対する対策は、日本人の中でもいくつか出てきた。「署名を多数集めて、それを提出して市を説得する」、「姉妹都市の東大阪市長が市を説得する」などの案である。

しかし、在米日本人の間でも、公聴会に多数の日本人を集めたのは「自分の功績だ」と称して、名声を上げることに熱心な人物や、このような問題への対処は「自分が一番できるのだ」と言って、協力を拒む傾向のリーダーなどが出てきて、まとまった動きをすることは困難であった。

第二章　グレンデール市を提訴する

慰安婦像設置に対する反響

グレンデール市の慰安婦像設置に対する反響は、大きかった。米国で最初の慰安婦像の設置である。しかも、その碑文には、日本政府を糾弾する文章が石板に刻まれている。そして「二〇万人の女性を強制連行して性奴隷にした」と書いてある。

日本政府の菅義偉《すがよしひで》官房長官は、七月三一日の記者会見で記者の質問に答えて、グレンデール市の行動は、「我々の考えと異なっていて、遺憾である」という発言をしたし、「解決の努力をした」との発言もあった。

グレンデール市に対しては、市議会の決議の前から、山本優美子氏が代表を務める「なでしこアクション」などを通じて、反対のメールが市長に届けられていた。公聴会の席上でも議長は、三〇〇〇通以上のメールが来ていて、その大多数が、反対の意思表明であったと説明した。

だが、それに対して、例のクインテロ議員は、「ほとんどが海外からのものだ」と言って、住民からのものでないことを強調した。その後も、日本からは、かなりの数の反対意見がメールで届けられたのであるが、市議会は、なんの反応も示さなかった。

日本からは、新聞記者も複数、駆けつけてきた。状況をつまびらかに報告するためである。また、日本の自治体の議員も、グループで訪問してきた。杉並区議会議員の松浦芳子氏が団長であった。彼らは、グレンデールの市長や議員に面会することを要求したが、実現できなかった。そのため、そのグループは南カリフォルニアの日本人の有志と会合を開いて、意見の交換をして、帰国した。

その後、姉妹都市である東大阪市の市議が、個人の資格で訪ねてきた。彼は、ウィーバー市長に会うことができた。私は通訳として参加した。市長は東大阪市との関係を維持したいと述べ、二〇一五年には姉妹都市になって五五周年の記念行事をおこなうことを提案した。東大阪市議もそれに賛成した。しかし、それは市議個人としての意見であり、その後の東大阪市からの動きはなかった。しかも、その市議は、市長に慰安婦像撤去を要求することはなかったのである。

二〇一四年の年末に近くなって、日本維新の会（当時）の衆議院議員三名がロサンゼルスを訪問してきた。杉田水脈《みお》氏、田沼隆志氏、西田譲《ゆずる》氏の新進議員たちである。

彼らは一泊二日の超短期旅行であったが、我々の説明を熱心に聴き、キャシー・マサオカ氏を含む関係者から情報を取得し、現地を視察はしたが、交渉のために来たのではないので、市の関係者には会わずに帰国した。

だが、彼らの情報収集における集中度、質問の適格さなどは、すべてにおいて秀逸で、我々は彼らの将来を大いに期待することになった。今では慰安婦問題のエキスパートである杉田水脈氏の慰安婦問題への取り組みは、ここから始まったのである。

ブエナ・パークでは設置案が敗退

ここで、グレンデールの決定の直後に起こったブエナ・パーク市における市議会での動きについて、述べておく必要がある。

同じ二〇一三年の七月に、ロサンゼルスの南、オレンジ郡のブエナ・パーク市で、同様の慰安婦像設置の議案が提出された。その時の副市長は韓国系の人であり、彼が推進役であることは明らかであった。

その提案に対して、同市在住の朝鮮戦争退役軍人で日系アメリカ人のロバート・ワダ氏が強烈な反対意見を書面で提出した。彼らは、朝鮮戦争にアメリカ軍人として参加し、命を懸けて戦ったのである。事実、彼の親友はその戦争で命を失った。

彼の見解は、「我々は、韓国が自由で、友好的な国であり続けるために戦ったのであり、韓国が日本を含む我々に屈辱を与えるために、命を懸けて戦ったのではない」と宣言したのである。

この公聴会の日程は明確には伝えられていなかったが、幸いにも一人の日本人が参加して、反対意見を表明することができた。その結果、三対二で提案は否決されて、慰安婦像の建立にはならなかった。

この決定には、その時の女性市長の意見が大きく影響したと思われる。それは、「人類の歴史上には、無数の悪事があった。その多数の悪事の中で、どうして我々が、この特定の日本国の悪事を選んで記念すべきなのか理解できない」とするものであった。

彼女は、高等学校で歴史を教えていた経験があった。この市長が慰安婦について正確な知識を持っていたかどうかは不明であるが、歴史一般についての健全な見解を持っていたことは確かだろう。少なくとも、慰安婦像設置論者からの饗宴・圧力には屈していなかったのである。

訴訟戦略の検討

このような状況のもとで、我々は、厳然と建立されているグレンデールの慰安婦像をいかに撤去すべきかを考えた。ここで言う我々とは、前述した水島一郎氏、高橋光郎氏のほかに、鎌倉花氏と、私の妻久美子、それに私を加えた陣容であった。

「話し合いによる解決が可能である」とする意見は、日本にいる何人かの学者たちからも出ていたが、現実的ではなかった。

KAFC（カリフォルニア韓国系米人フォーラム〔Korean American Forum of California〕のちほど詳述）の連中は協議に応じない。グレンデール市会議員の説得は、彼らが面会を拒絶しているので、不可能である。公聴会の前には、多数の反対メールが送られたが、それは効果を上げなかった。さらに、日本の総領事館も関与しようとしない。事《こと》ここに至っては、法的な手段以外にはないであろう、という結論になった。

しかし、法的な手段といえども、かなり考えることがある。まず、優秀な弁護士が必要である。そして、明確な訴因が必要である。さらに、訴訟をするためには、多大な資金が必要である。この時、私は頭の中で、自分が個人でどのくらいまで支出できるかを考えていた。これらのことを解決しなければ、訴訟は始められない。

弁護士については、仲間の一人である水島一郎氏が、ヒントを与えてくれた。「有名弁護士事務所のメイヤー・ブラウン社にニール・ソルトマンという弁護士がいて、彼は最近、同じようなケースで勝訴した」というのである。

事実、ソルトマン氏は、少なくとも深く関連した二つの案件の弁護人となって、成功していた。一つは、カリフォルニア州の議会が制定した法律で、ナチスのホロコーストの犠牲者に対して、保険による損害賠償に特別の便宜を与えるというものである（米国保険協会 vs ガラメンディ）。このときソルトマン氏は米国保険協会の側に立って、その州の法律が憲法で定める外交の連邦政府独占権を阻害するものであると訴え、最高裁にて、州法の憲法違反を確定している。

もう一件は、やはりカリフォルニア州の法律が、オスマン帝国によって虐殺されたアルメニア人に対して、時効などについての寛大な措置をすることを規定していたことに対するもので、保険会社の方から注文が付いたものであった（モブセシアンvsヴィクトリア社）。当地の米国連邦第九巡回区控訴裁判所は、米国保険会社の例にならって、このような州法は連邦政府の外交独占権を侵害するものであるとして、州法は無効であるとする判決を下した。

我々は、このような経歴を持つソルトマン氏に連絡を取り、訴訟の戦略を相談した。九月の中旬に、当方から事情を説明して、こちらから考えられる訴因案を提示した。それには以下のようなものが含まれていた。

①事務手続きの不備
②日本人子弟に対する、いじめの激化

③日本人に対する名誉棄損
④歴史的事実の捏造
⑤日本人に対する差別
⑥地方自治体による連邦政府の外交独占権の侵害
⑦特定市会議員の収賄

まず①であるが、それには少なくとも二つの要素があると考えた。第一は、この行事は、グレンデール市の姉妹都市の行事であるはずだが、姉妹都市である東大阪市には何の連絡もされておらず、グレンデール市と韓国の友好都市だけでおこなわれた。さらに、碑板に彫られた文言は、市議会に提出されずに設置されたものであり、手続き的に不備である。

次の②は、この記念碑ができることによって、日本人の家庭の小中学校の生徒が不当にいじめられる原因となることが予想される。

③は、碑文に書かれた不当な文言によって名誉を傷つけられた日本人が、集団で、名誉回復を要求するものである。

④は、碑文に書いてある文言が歴史の事実と合致しないので、虚偽の声明文を公表したことに対して責任を取らせるものである。

⑤は、日本の軍隊が人権侵害の罪を犯したとする声明に対して、これは日本人に対する差別声明であるとして、抗議するものである。

⑥は、慰安婦問題は、外交問題であり、米国では、外交問題は連邦政府だけが独占的に扱うことになっているので、グレンデール市がそれに介入することは、憲法違反であるとするものである。

⑦は、ある特定の市議会議員が、外部のものから金銭などを受領したことに対する謝礼として、市議会においてこの案件に投票したとするものであるが、そのためには、収賄の事実の確認が必要である。

これらを検討すべき訴因候補として、弁護士と相談した結果が以下である。

①の姉妹都市の不参加は、なかなか決定的な要因とはならないが、碑文を公開しなかったことは、十分に訴因となりうると弁護士は判断した。

やってみる必要があるという結論になった。これが、二〇一三年一二月のことである。

訴状の作成と組織の確立

それまでの弁護士と相談の上で、訴訟を決心した。まず日本を訪問した。日本に支援者のグループを作り、日米で協力しながら、裁判を進めてゆくためである。この段階では、訴訟をすることは極秘とした。慰安婦像設置反対の日本のリーダーたちに、まずこの案が支持できるものであるかどうかを確認する必要があったからである。

東京で、ある新聞社を含め、有力者数名と面談した。皆、協力的であった。そこで、米国の組織に対応する日本の組織の素案も作成して、ご意見を伺った。

日本の支援グループのリーダーは、外交評論家の加瀬英明氏にお願いした。彼は、「『慰安婦の真実』国民運動」の代表も務められている方で、当方の提案に対して積極的な賛同を示していただいた。我々は深く感謝した。我々は、「歴史の真実を求める世界連合会（The Global Alliance for Historical Truth（略称：GAHT《ガート》）」を設立することを考え、米国と日本にそれぞれ独立の非営利団体を設置し、それらがお互いに協力し合う体制を構想して、実現するように奔走した。

帰国後、弁護士に訴状作成を正式に依頼して、相談の結果、二〇一四年二月二〇日に、訴状をロスの連邦地方裁判所に提出することで進めることにした。ソルトマン氏の時間当たりの報酬は八〇〇ドルで、その同僚の弁護士は六〇〇ドル、手伝いの事務員の報酬は三〇〇ドルで、彼らがそれぞれに一時間作業をすると、およそ二千ドル（約二三万円）かかることになる。このような弁護士団に仕事を依頼するのは、身が引き締まる思いである。

アメリカでは、二種類の裁判所が並立している。一つは、それぞれの州の裁判所である。通常の案件は、州の裁判所に提出される。しかし、今回の案件は、連邦政府の憲法に違反した行為を被告であるグレンデール市がおこなったというのが主な訴因であるので、連邦裁判所に提出することとなった。

このとき、一つの課題があった。それは、だれが原告になるかという問題であった。原告はグレンデール市に居住していて、慰安婦像の設置によって直接的に被害を受けた日本人でなければならない。

それらの条件を満たす数人に当たったたが、なかなか承諾が得られなかった。例えば、グレンデールに居住している、ある日本人女性は、夫の仕事に差し支えるという理由で断ってきた。

そのうちに、ミチコ・シオタ・ギンガリー夫人に会うことができた。この方は、終戦時には日本の聖路加病院で看護婦をしていた方で、占領軍の弁護士をしていたアメリカ人と結婚し、グレンデールに居住することになった人である。現在の東大阪市の出身で、グレンデール市には長く居住し、一九六〇年の東大阪市との姉妹都市関係の締結時から、グレンデール側で姉妹都市運動に深く関与してきた方であった。

その時はすでに九〇歳に近い年齢であったが、矍鑠《かくしやく》としていて、込み入った話をよく理解していただいた。そこで当方が、「金銭的には何もご迷惑をおかけしませんので、原告団に入っていただけませんか？」と、お伺いを立てたところ、彼女は「私でお役に立つことができますれば、喜んで参加します」と快諾してくれた。最高の原告である。

その後、ギンガリー夫人とは何度も話し合う機会があったが、その中で彼女は、当時すでに亡くなっていた夫の弁護士が関係していた東京裁判の内容に、強い不満を持っていたことを聞いた。どのような不満であるかは不明であるが、おそらくアメリカ側の強引な進め方に抵抗を感じたのであろう。

さらにギンガリー夫人のもう一つの言葉に、「私の一生はアメリカとの戦いでした」というものがあった。彼女の生活は決して経済的に低いものではない。郊外の独立した家屋に居住し、二人の娘がいる。しかし、日本人が少数派であることや、文化の違いなどから、苦しい思いをされたことが数限りなくあったのであろうと推測される。

彼女は折に触れて、「先生、応援しています。頑張ってください」と力づけてくれた。だが残念なことに、ギンガリー夫人は二〇一五年、我々が九一歳の誕生祝いを内輪でおこなった一週間後に、突然、他界された。誠に残念なことである。

結局、原告としては、ギンガリー夫人のほかに、後述するGAHT-USと、それに目良を加えて、原告団とした。私が原告に加わったのは弁護士の判断によるもので、おそらくギンガリー夫人の年齢を考慮してのものであったと思われる。この訴訟は、ギンガリー夫人の亡くなられた後も、彼女の名前を筆頭にして、今もそう呼ばれている。

次が、カリフォルニアにおけるNPO法人の設立である。弁護士に依頼して概要を決めて、「NPO GAHT-US Corporation」設立の手続きをした。実に三日で、正式のＮＰＯを設立することができた。アメリカの効率性の証明である。

それに反して、日本におけるＮＰＯ法人の設立には時間がかかった。東京都に「特別非営利活動法人・歴史の真実を求める世界連合会」の設立申請をしたのだが、最初から、審査にはかなりの時間がかかるという話であった。

まず、一〇名以上の発起人が必要であり、責任者には、印鑑証明や住民票の提出も必要であった。それには、あまり日数はかからなかったが、審査の時間は長かった。

この日本の組織の主な役割は、寄付金を受領することであるが、二月二〇日までには到底認可されないことを知って、我々は、暫定的な寄付の受け皿を探した。幸いにも、その役を引き受けていただける組織が見つかり、そこを受け皿にして寄付金を受領することにした。

結局、最初の申請は、役員の選択について問題が起こり、再提出をし、その後再び提出をして、二〇一五年の三月になって、やっと東京都から認可を受けることができた。米国の組織と比較すると、丸一三カ月、遅れたわけである。

訴状の概要

訴状は、二〇一四年二月二〇日に米国連邦裁判所に提出された。主な事項は次の通りである。〔巻末に抄訳を収録〕

ケース番号：2：14-cv-01291

訴訟の名称：宣言と指令による救済を求める告訴（Complaint for Declaratory and Injunctive Relief）

提出先：米国連邦裁判所カリフォルニア中央地区支所

原告弁護士事務所：メイヤー・ブラウン　LLP

担当主任弁護士：ニール・ソルトマン

原告：ミチコ・シオタ・ギンガリー、コウイチ・メラ、ガート-US Corp

被告：グレンデール市、管理人スコット・オチョア

以下、概要を述べる。

管轄権：　この問題は米国憲法に関するものであるから、連邦裁判所に提出する。

問題点：　グレンデール市が、慰安婦像を含む記念碑を建てたことにより、原告は多大な被害をこうむっている。グレンデール市の行為は、連邦政府に与えられた連邦政府への権限を侵害している。さらに日韓関係をも悪化させる危険性がある。

原告：　ギンガリー夫人は長らくグレンデール市に居住している人で、発足の時から姉妹都市間の交流に深くかかわってきた。この記念碑はあまりにも一方的な慰安婦の解釈を述べ、米日韓間の同盟関係を破損する危険がある。彼女はその碑によって、市から疎外された感じを受ける。それは日本および日本人を非難するものであるから、その碑が立っている公園には行かないことにしている。他の原告についても同様である。

被告：　グレンデール市はカリフォルニア州内の地方自治体で、市の域内で効力のある条例を設定する権利を持っている。

グレンデール市の記念碑：　建てられた慰安婦像を含む記念碑を説明。全碑文の記述。

慰安婦問題の背景：　日韓間に認識の違いがある、日本政府は慰安婦の採用に政府や軍隊は直接に関与しなかったと声明している。韓国を含むいくつかの国は、強制連行があったとしている。

日韓間の意見の調整：　一九五一年のサンフランシスコ平和条約、一九六五年の日韓基本条約、一九九五年のアジア女性基金、二〇一一年におこなわれた野田佳彦首相と李明博《イ・ミョンバク》大統領の会談を簡潔に紹介。

慰安婦像の建立：　二〇一三年三月にグレンデール市は、セントラル・パークの一部を姉妹都市が記念碑を建てる場所として指定した。七月九日の市議会で慰安婦碑を建てることが決議された。しかし、その時に碑文にどのような文言が書かれるかについては説明がなく、単に「慰安婦を記念する言葉」とする説明しかなかった。多数の反対意見がその会合で出されたにもかかわらず、市議会はそれを無視して、原案を採択した。そして七月三〇日には、慰安婦像と碑文が設置された。この日の市議会で、ローラ・フリードマン市議は、「これでわが市は世界地図に載ることになった」と宣言した。オバマ大統領が始めた請願サイト「我々が国民だ」には、この記念碑を除去する訴えが提出され、二〇一三年の末までには一〇万八千件以上の署名が集まった。

日本政府の反応：　二〇一三年七月二四日の外務省報道官の「この記念碑は我々の理解する慰安婦と異なるものだ、はなはだ不愉快である」とする発言から、その後の野田義和東大阪市長、佐々江賢一郎駐米大使、菅官房長官、安倍総理の発言を紹介し、最後には、グレンデール市の市長にも市議にも会えなかった日本の市議グループの声明文「それは直ちに撤去すべきである」を引用した。

米国行政府の見解：　終始一貫、米国行政府は、この問題は、日本と韓国が対話によって解決することを希望していることを、国務省の発言を引用して示した。

原告への被害：　この記念碑はすべての原告にとって、セントラル・パークを訪れることが苦しみとなり、公園で楽しむことが不可能になった。この記念碑が除去されれば、これらの苦痛は除去される。

救済を求める第一の根拠：　この記念碑はそれまでに実施している連邦政府の外交政策を阻害し、また憲法に規定する連邦政府の独占権にも違反する。また、グレンデール市は、歴史的に微妙な慰安婦問題について日本政府と異なる立場を表明した。それは、特定の立場を取らず、日韓の二国間で解決を促す米国政府の政策とも明らかに相違する。したがって、この記念碑は、米国の意図するアジアにおける同盟国関係を崩壊させる危険性がある。グレンデール市がとった行為は越権行為である。

救済を求める第二の根拠： グレンデール市議会の決定は、市条例の二・〇四・一四〇号に違反する。市議会では、碑文に「日本」が入ることも、「家から連れ出された」ことも、「性奴隷にされた」ことも示されなかった。

結論： したがって裁判所には、グレンデール市の記念碑の建立は除去されるべきであると宣言し、市に除去を命令すること、またこの裁判に要した費用を支給することを、希望する。

メディアに向けた記者会見

次の課題は、グレンデール市を訴えたことをいかに効果的に広報して、皆さんの支援に結びつけるかであった。そのために、訴状を提出するとすぐに、ロサンゼルス中心部のホテルで記者会見をおこない、日本の新聞社やテレビ局を招いて、一斉に知らせることとした。

連邦裁判所へ提訴後の記者会見

訴状は用意された。記者会見の場所は、設定された。そして、二〇一四年二月二〇日の午後二時に、記者会見が始まった。在米の日本メディアのほとんどが参加して、報道してくれた。日本では、二一日の朝刊である。

特に産経新聞は、GAHTのホームページの名称を記事に入れてくれたので、それを見て関心のあるかなりの読者が寄付金を振り込んでくれることになった。

その反響に私は、驚くとともに、この慰安婦像を何とかしたいと思っている日本人が多いことを嬉しく思った。

二月二一日には、菅官房長官が記者会見でこの裁判に触れ、好意的なコメントを発表した。それはあたかも我々が、官邸と話し合っておこなったというような意味合いの発言であった。出発は大成功である。

くしくも、我々がアメリカで訴訟を始めたのと同じ日の二月二〇日、日本では日本維新の会（当時）の山田宏衆議院議員が、衆議院予算委員会において、安倍総理に「河野談話」の信憑性について質問し、総理がこの談話の内容について検証することを約束したのである。

慰安婦像 撤去求め提訴へ
日系人ら「外交権限を侵害」
米グレンデール
中国系反日団体が参戦
米慰安婦像撤去訴訟で陳述書
「日本は何度も謝罪」強調

裁判について伝える産経新聞の記事
（下：平成 26 年 2 月 21 日付、上：同 5 月 20 日付）

山田議員の質問は、この談話が日本政府が慰安婦について人権侵害を犯したことを承認した証拠として諸外国に受け取られていることを問題としたものである。日本政府の潔白を示すためには「河野談話」の撤廃が必要であると感じたからである。

総理のお約束に従って、同年六月二〇日に検証チームの報告書が発表されたが、その内容によって、談話は韓国側と事前にすり合わせたものであり、政治的な意図で作られたものであることが明らかになった。これによって、「慰安婦性奴隷説派」を攻撃する材料が増えたのである。

第三章

中韓「反日」団体からの反撃

代表の私だけが別室に連れて行かれた。なんだか奇妙である。

そこには、シカゴの本社から派遣された常務理事が待っていた。彼はメイヤー・ブラウン社をこの訴訟から撤退させたいと、突然、言い放ったのである。私は、あまりの予期せぬ言葉に驚き、一瞬、言葉に詰まった。しかし、それでも落ち着きを取りもどして、その理由を訊《き》いた。

彼は、フォーブスという経済雑誌が四月一三日の号で、メイヤー・ブラウン社が我々の仕事を引き受けたことについて、メイヤー・ブラウン社はどんなに汚い仕事でも金になるならば食いつく下品な弁護士事務所である、とする記事を載せたと言った。そのため、この記事によってメイヤー・ブラウン社は信用と地位を失い、かつ、中国系の反日団体「抗日連合会」が勢力を持っているシリコンバレーなどで、かなりのＩＴ企業の顧客を失いかねない、という理由であった。

シリコンバレーは、アップル、ヤフー、グーグルなど新興のＩＴ企業が数多く集まっているところで、メイヤー・ブラウン社もかなりの客層を持っていたと思われる。つまり、すでにこの時点から「抗日連合会」の力が働きだしていたのであるが、まだ我々はそこに気がつかなかった。

彼らの問題意識は理解できるが、我々としては激しい怒りを感じた。彼らにも、どのような仕事をするかについては、十分に検討する時間があったはずである。彼らは十分な資格を持った弁護士事務所であり、しかも正式に契約している間柄である。それを、彼らの勝手な都合で契約を解除しようとするのである。

しかし、本社の圧力のもとで仕事をしても、満足な仕事はできないであろう。先方は、今までにこちらが支払った弁護士費用はすべて返却し、新しい弁護士が見つかるまでは、今までの弁護士が無料で面倒を見ると申し出た。

金銭的な面ではもっと要求することもできたのであろうが、このような問題は早く解決した方が良いと判断して、先方の要求を呑み、新しく弁護士を探すことにした。ソルトマン氏は、若い独立弁護士のデクラーク氏を当面の弁護士として使うように提言してくれた。

フォーブス誌はアメリカの有力ビジネス雑誌であると思っていたが、もうその時点で、中国系が過半数の株を所有している中国系の雑誌であった。

メイヤー・ブラウン社が弁護をおりるきっかけになった記事は、イーモン・フィングルトンと称する、日本滞在期間の長く、以前は日本人と結婚していたという評論家が書いたもので、タイトルは、「ムカつく！ 法律の専門家よ、泣き叫べ。なぜ米国の最上級の弁護士事務所が、このようにペコペコしなければならないのか？（'Disgusting.' Cry Legal Experts: Is This The Lowest A Top U.S. Law Firm Has Ever Stooped?）」というものである。

記事の内容は、メイヤー・ブラウン社が、日本の仕事が欲しいために、慰安婦は性奴隷ではなく売春婦であったとするような訴訟の仕事を引き受けたとして、金のためには、どんな仕事でも引き受けると書き、メイヤー・ブラウン社を侮辱したものであった。

しかし、この批判の背景には、いくつかの隠された疑惑があるようだ。このフィングルトンと称する評論家は、日本に二七年間も居住したと称しているが、記事の内容から見て、日本を良く知っているとは思えない。

例えば、彼は、日本では誰ひとりとして「慰安婦性奴隷説」に疑問を挟んだ者はいない、などと宣言しているが、これはまったくの誤解である。さらに彼は、経済評論家ではあるものの、日本の歴史にはあまり知識がないようである。

つまり、彼の指摘は的はずれである。我々の裁判では、地方自治体が外交に関与することを問題にしているのであるが、この記事は、この裁判では慰安婦が「性奴隷」ではなく「売春婦」であるということを主張していると誤解した上で、書かれているのである。

どこかに、このフィングルトンなる評論家に、このような記事を書かせた輩《やから》がいるに違いない。しかし、このような珍説であっても、いったんフォーブスに掲載されてしまうと、説得力をもってアメリカ人を動かすことになるのである。

アミカス・キュリエ（意見書）の提出

その次に起こったのが、中国系アメリカ人の団体である抗日連合会（正確には「アジアにおける第二次世界大戦の歴史を保存するための世界連合会〔The Global Alliance for Preserving the History of WWII in Asia〕」）からの、連邦裁判所への意見書の提出である。これは二〇一四年五月一三日のことである。

今回のような裁判では、第三者が、原告と被告の双方の了解の上で、参考意見書を提出することができる。それはアミカス・キュリエ（amicus curiae）と言われている。だが、原告側はその提出を拒否した。

それから、七月二三日には、前出のカリフォルニア韓国系米人フォーラム（ＫＡＦＣ）からも、同じ問い合わせが来た。彼らは別な、独自のアミカスを提出したいというのである。だが、原告側はこれも拒否した。

しかし、それでも彼らは、拒否されることを承知で、裁判所にアミカスを提出してきた。抗日連合会のものは、慰安婦が虐待されたことは日本政府も認めている事実であり、彼らはそれに対して謝罪もしているので、日本側が人権侵害をしたことは明白である、という趣旨のものであった。

ここで注目すべきことは、我々は、グレンデール市と、その背後で慰安婦像の設置を推進している韓国グループを相手に裁判をしていると思っていたのであるが、突如として、カリフォルニアで勢力をふるっていた中国系の抗日連合会が表に出てきたことである。

「カリフォルニア韓国系米人フォーラム（ＫＡＦＣ）」とは、カリフォルニアを拠点とする韓国系アメリカ人の団体であり、グレンデール市の慰安婦像建立を推進し、そして建設した団体である。そして、他の市でも同じことを推進してきた団体である。

おそらく、韓国で慰安婦問題を取り仕切り、かなりの数の元慰安婦を収容している「ナヌムの家」を経営している「挺対協（韓国挺身隊問題対策協議会）」と強いつながりがあるものと思われる。

この団体の弁護士から、アミカス・キュリエを提出したいという問い合わせがあったのである。その内容は、二人の、元慰安婦であったと称する女性の、慰安婦生活の告白であった。

彼らは、慰安婦像設置の動きには、韓国と中国の組織の強い支援があるということを具体的な行動で示したわけである。より直接的な表現をすれば、「彼らが推進している」ことが明らかになった。

これらのアミカス（意見書）は、提出されたものなので、我々も閲覧することができた。だが、内容はまったく裁判と関係のないもので、慰安婦の体験談や、慰安婦がどのように

カメラを七台据えて、二四時間、周辺に来訪する人々を撮影することにした。

これらのカメラの設置によって、不審者の来訪はかなり減少したようであった。しかし、さらなる安全のために、外出時間をできるだけ一定とせずに変動させ、通る道も日ごとに変更するような努力をした。

セキュリティの専門家は、裁判に負けている間は、この程度で済むが、勝利しそうになれば、もっと強力な安全対策が必要になるだろうと、我々に伝えた。

電話についても、雑音が入ったり、切れたり、受信音があって受話器を取っても、まったく無言だったり、というような異常な事態が、毎日数回は起こるようになった。

身辺に対する危険は、この裁判や慰安婦問題に関して日本から取材に来た女性ジャーナリストにも起こった。彼女は、サンフランシスコで「抗日連合会」の実質的な会長であるイグナシアス・ディン氏を訪問し、『ザ・レイプ・オブ・南京《ナンキン》』の著者であるアイリス・チャンの墓を視察した帰りに、高速道路で危うく追突されそうになったのである。

車は、我々の仲間である女性が運転していたのであるが、前方の車が低速で走り、彼女たちは、そのあとを走行していた。だが、あまりにも前の車が遅いので、左によけた瞬間、後方から高速で来た車が、その低速車に激しく衝突したのである。

ジャーナリストと運転手は危うく命を救われたが、もし衝突に巻き込まれていれば、相当の障害はまぬがれなかったと思われる。

このような交通事故はギャングが良く使う手であり、我々に抵抗する中韓系の人々も、おそらくそれにならったのであろう。

第四章

在米日本人と日系アメリカ人

日系アメリカ人は「アメリカ人」である

カリフォルニアには、多様な日本人や日系人がいる。その中に、日本で生まれ、日本で高等教育を受けてからアメリカに来た在米日本人が、かなりいる。これらの人々には、日本企業から派遣されてきた人や、以前派遣され、アメリカに残留することを決めた人、また、戦後に国際結婚をして米国に永住している人などがいて、それらの人々は「ニューカマー」と呼ばれる。

そして、それよりも数が多いのは、一九世紀の末から二〇世紀の初めに渡米した日本人移民の子孫である。彼らは、今では三世から五世の世代となっていて、「オールドカマー」と呼ばれており、アメリカの国籍を持っている。

日本にいる人は、この両者を含めて「日系人」と、ひとくくりにして考え、彼らは、日本の名誉を守ろうとするこの裁判を支援するのであろうと考える人が多いようである。だが、ことはそう簡単なものではない。

ニューカマーの多くは、大企業などの駐在員として渡米して、アメリカに住んでいる人たちであるが、彼らの多くは、日本での問題には深い関心を持っているが、アメリカでの問題には、あまり関心を持っていない。また、企業によっては、駐在員の政治関与を制限しているところもある。

慰安婦像設置のような問題に関心を持っているのは、こうした、アメリカに永住しているニューカマーと言われる在米日本人であり、数としてはそう多くないのである。

それに対して、オールドカマーの日系アメリカ人は、主に農業移民の子孫であって、アメリカの、特に西部においての差別と闘い、第二次世界大戦の際には、アメリカへの忠誠心を示すために命がけでアメリカのために戦い、米国の尊敬されるべき国民になるために、語りつくせないほどの苦労を重ねて、アメリカ市民としての地位を確保してきた人々である。

したがって、彼らの共通言語は英語であり、日本語を話せない人が多い。彼らは、強制収容され、それまでに蓄積した財産のほとんどを失い、そこから再起したのであるが、そうした厳しい経験をしたのは日本が真珠湾を奇襲攻撃したからだと解釈し、日本を恨む傾向がある。

彼らは、強制収容問題に対して、レーガン大統領時代に、アメリカ政府がルーズベルト大統領が下した大統領令の誤りを認めて謝罪金まで支払ったことに強い共感を覚え、米国政府に深い信頼の念を抱いている。そして、一九八〇年代に突如として裕福なビジネスマンとしてやってきた多くのニューカマーには、好意を抱いていない。

祖国を同一にしてはいるが、オールドカマーの日系アメリカ人は、一般的に、在米日本人を嫌っているのである。実際に私も、オールドカマーの日系二世の友人から、ニューカマーが傍若無人に振舞っている姿を目にするにつけ「嫌悪感を覚える」と言われたことがある。日系米国人の中でも著しい成功者であった、UCLA教授の故ポール・テラサキ氏も数年前に、私に直接、日系アメリカ人は、「ニューカマーは嫌いなのだ」と警告してくれた。日系人をニューカマーと同一視してはいけない、という忠告であった。

裁判に反対する日系アメリカ人

このような違いがあるために、この裁判に対しても、彼らは異なる反応を示した。

一九八〇年代に、ルーズベルト大統領令の不公正に対して戦ったマイク・マサオカ氏の親戚である、前出のキャシー・マサオカ氏は著名な活動家であるが、グレンデールの記念碑の除幕式では、堂々と韓国側に立って祝辞を述べた。

彼らは、信条として「自由を奪われ、抑圧された人々」の解放に対して熱意を持っている。そして、慰安婦たちはまさに「自由を奪われ、抑圧された人々」であり、女性の人権が著しく損なわれた悲惨な出来事であったと、本当に思っているのである。

そのあたりの情報に関しては、彼らの知識は、アメリカ人一般のレベルでしかない。すなわち、彼らは英語の書物しか読まないために、「慰安婦」について日本で知られているような、詳細で具体的な情報を持っていない。つまり、普通のアメリカ人並みなのである。

そのことを示す事件を紹介しよう。我々が裁判を起こして間もなく、「KABA」と「JABA」という団体が共同して、声明文を発表した。その声明で彼らは、この裁判は「歴史的な事実を直視しない人たちの裁判」であると規定し、自分たちはそれに反対である、ということを明記しているのである。

ちなみに、KABAとは、カリフォルニアの韓国系弁護士協会であり、JABAとは、日系の弁護士協会である。すなわち、日系の弁護士たちは、韓国系の弁護士たちと同じ立場に立ったのである。

どちらが歴史的事実を直視していないかについては異論があるが、かように、日系の人たちの慰安婦問題への理解は、米国の一般人の理解と同じ程度なのである。

サンフランシスコでの公聴会と元慰安婦

グレンデールに続き、今度はサンフランシスコ市が慰安婦像設置の計画を作り、二〇一五年の九月二二日に、市議会で公聴会が開かれた。同市には中国系の住民が二割ほどいて、政治的にも力が強い。そのため、市の議員九人のうち、三人が中国系であった。そこに一人の韓国系が加わって、運動を盛り上げていた。それにここは、抗日連合会の本拠地にも近い。

その前の七月の公聴会の前日に、我々はサンフランシスコの日本総領事館を訪問して、事情を伺った。担当の領事は、「反対の運動はおこなっています」と答えた。そこで、「どのようなことをやっておられますか」と訊くと、「それは答えられません」という答えが返ってきた。まさに、取りつく島もない、冷たい対応であった。

ほかにも、同市に居住している日本人女性数名に会って事情を聴取したところ、彼女らは全て像の設置に反対なのであるが、市の中心近くにある日本人街の人たちは、はっきりした態度を示していないという情報を得た。商売上、政治的な意見を表明できないのかもしれないが、ここはオールドカマーが多いということも、理由になっているようだった。

九月の公聴会には、多くの一般人が参加した。しかしそこに、金色の蝶の模様の入った黒地のTシャツを着た人たちが四〇人くらいいて、精力的に動き回っていた。彼らは慰安婦像の推進者で、カリフォルニア州の裁判所で判事をしていたシン女史とタン女史が設立した「慰安婦正義連盟」の賛同者である。

公聴会には日本人街の人たちも来ていたが、彼らは我々に「大げさにしないでください」と言った。これはおそらく、総領事館からの伝達なのであろう。我々がロサンゼルスから来たことを知っていて、ことを荒立てる恐れを感じたのかもしれない。

しかし、一方では、慰安婦像に積極的に反対する日本人女性のグループも来ていた。見解発表の順番が回ってきたときにも、我々はそうしたのグループと共に、強い反対の見解を表明した。他に、日本人女性一〇数名と、彼女らの夫たち数名が反対の意見を表明した。それに対して、金色の蝶を身に着けたグループは、全員が賛成の意見を表明した。その中には、明らかに日系アメリカ人も含まれていた。このため、この議事を司会した中国系の市議マ氏は、この議案には日本人も賛成していると、誇らしげに語った。

サンフランシスコ市議会で発言するイ・ヨンス氏

この公聴会は、彼らがかなり入念に準備をしてきた集まりであり、韓国ソウルからも、あの元慰安婦イ・ヨンス氏が招かれて来ていた。彼女は車椅子に乗って入場した。それを押していたのは、ほかならぬＫＡＦＣのフィリス・キム女史である。

「老齢のために歩行が困難であるにもかかわらず、今日のために遠路はるばる来てくれた」と議長がイ・ヨンスを紹介し、彼女は最初に発言した。発言のためにマイクに向かって歩く彼女には、歩行困難の様子はまったく見られなかった。

彼女は慰安婦としての苦しい生活について長々と朝鮮語で

話し、キム女史がそれを英訳した。長いスピーチが終わるや否《いな》や、満面の笑みで記者団にポーズを作り、フラッシュを浴びていた。このような芝居がかった様子を見せられ、日本人側は白けてしまった。

次いで、一般人の意見表明が始まった。私は、韓国生まれでサンフランシスコ州立大学の人類学教授を務めるサラ・ソー博士の著書から、イ・ヨンスの最近の身の上話が最初のものからかなり変わっていることを引用して、彼女の発言が信用できないということを指摘した。

ところが、議長のマ氏がすぐに、「君は、イおばあちゃまが嘘をついていると言っているのか」と私の発言を遮《さえぎ》る。私は、「この本に書いてあることを引用したのだ」と答え、「続けさせてください」と言って、さらに発言を続けた。

驚くことに、この公聴会では、発言者に好ましくない発言があると、司会者がそれを中断させるのである。それが、この市議会での常套的な運営方針のようである。

しかし、さらに驚くべきことは、その後に起こった。私たちは、ロスに帰る飛行機の時間が迫っていたので、公聴会が終わる直前に、席を立った。会議室を出て、長い下りの正面階段を下りて戸外に出ようとした時に、例の日系人キャシー・マサオカ氏とデービッド・モンカワ氏（ニューカマー運動家）が、顔色を変えて「こら、目良、恥を知れ！」と言いながら、追いかけてきたのである。それはあたかも、我々を階段から突き落とすような勢いであった。

　幸いにも、その時、日本の通信社の記者が近づいてきたので、彼らはあきらめて立ち去ったが、誠に危険きわまりない状況であった。

　また、この会合は、別の意味でも、記録に残るべきものであった。一般の人たちの意見の表明が終了して投票に入る前に、市議の一人であるラテン系のカンポス氏が、イ・ヨンス氏をいたわる発言をした。そして、彼女を攻め立てた数名の日本人反対者に対して「シェイム・オン・ユー《SHAME ON YOU》（恥を知れ）」と、発言者を侮辱する言葉を三回も繰り返して発言したのである。

　このような、発言者を非難中傷する言葉が公聴会の席上で、主催する市会議員から発言されたという事実。公聴会とは、一般の人から意見を聞き、議員が判断の助けにするためにおこなわれるもので、最初から特定の見解を排除するのであれば、それはもはや民主主義的な会合とは言えない。そのような民主主義を否定する会合が、このサンフランシスコ市では堂々とおこなわれているのである。

日系人リーダーの存在

日系米人のリーダーとして、つい近年までは、ハワイ州選出の上院議員ダニエル・イノウエ氏がいた。彼は第二次世界大戦時、日系人で編制された四四二部隊に参加して、ヨーロッパの激戦地でアメリカのために戦った勇士であり、日系人であることに誇りを持っていた。

彼は日本について特別の感情を持っていたので、「慰安婦問題」についても我々と同様な理解を持っていたようであり、マイク・ホンダ議員が二〇〇七年に下院に日本非難決議を提出した時にも、彼は反対していた。

しかし、イノウエ氏は、二〇一二年に亡くなってしまった。現在の日系人の代表と目されるのは、以前、商務長官となったことのあるノーマン・ミネタ氏である。しかし、彼は慰安婦問題に関しては、通常のアメリカ人の理解の域を出ていない。

ただ、すべての日系アメリカ人がマイク・ホンダ議員のような考えを持っているわけではない。カリフォルニア州オレンジ郡ブエナ・パーク市に二〇一三年七月、慰安婦像設立案が提案された際に、それを葬るのに貢献したのは、先にも触れた、日系人のロバート・ワダ氏であった。

先述のように、彼は朝鮮戦争に従軍した退役軍人であり、そこで一緒に軍隊に入隊した親友をなくしている。彼は市長に情熱的な手紙を書いた。「私は朝鮮人の自由を守るために命を懸けて戦って、現在の自由と民主主義を守る韓国の再建を達成するのに貢献したのだ。君たちが日本を蔑むために、この体を捧げたのではない」という趣旨のものである。

彼は、朝鮮戦争に従軍した退役軍人の間では、力のある存在である。彼は、後に同じオレンジ郡のフラトン市で同じような提案があった時も、その提案を敗退させるのに貢献した。弁護士に手紙を書かせて、建てられた慰安婦像の維持管理費用や事故が起こった時のための保険料の負担を支払う用意があるのか、と尋ねたのである。フラトン市はそれらをまったく想定していなかったので、建立を中止した。

そのほかにも、同じような活躍をしている日系米国人がいる。彼は、日米両国で育った人であるが、やはり朝鮮戦争に参加し、ベトナム戦争にも参加している。その人は、米国の公文書館に所蔵されている慰安婦に関する文献を集め、図書としてネット書店のアマゾンから販売している、アーチー・ミヤモト氏である。彼はこれらの史実から、韓国系団体の唱える性奴隷説が捏造であることを確信しているので、他の日系人の意見に振り回されずに、自説を固持している。

だが、このように自ら勉強している日系人は、例外である。多くの日系アメリカ人は、マイク・ホンダ氏の意見に追従しているのが実情である。

戦後、日系人の自由と権利を回復するために結成された日系米人市民同盟（Japanese American Citizens League）という組織があり、日系アメリカ人の指導者は、通常この組織に属している。その一人が、フィル・シゲクニ氏で、彼は二〇一七年六月に、日系人向けの新聞である羅府新報に、慰安婦についての記事を書いた。

彼は、最近日本人の学者から慰安婦についての最新の情報を聞いた、強制連行はなく、性奴隷的な扱いも受けておらず、高い報酬を受けていた、と書いた。だが彼の結論は、しかしながら私はやはり慰安婦像の設立を支援する、というものであった。私は彼に反論を書き、羅府新報がそれを掲載したが、彼は、頑として自説を曲げていない。その後、先ほどのアーチー・ミヤモト氏も、彼に反論を書いた。

繰り返すが、ワダ氏やミヤモト氏などは、日系アメリカ人としては、例外の方に属する。多くの日系人は、マイク・ホンダを彼らの代表であると思っている。すなわち、我々の課題は、日系アメリカ人を含む全アメリカ人に対して、慰安婦に関する正しい知識を植えつけることであり、そのためには、誰もが読める英文の読み物を広く配布する必要がある、ということである。「慰安婦性奴隷説派」たちは、一九九〇年代からすでに宣伝を開始しているのであり、それを打ち消すためには、かなりの努力が必要なのである。

日系ブラジル人との対比

日系アメリカ人が、冷淡に扱われているマイノリティの中で必死に中央の座を求めている状況にあるのに対して、日系ブラジル人たちは、これとはまったく異なる。

この裁判について知らせ、また日本国がどのように二〇世紀を戦ってきたかを講演するために、私はサンパウロを訪問し、熱烈な歓迎を受けたが、ブラジルの日系人たちは自信に満ちて、日本国を愛し、日本の尊厳を守ることに情熱を傾けていた。

日本からの移民としては、同じころに農業移民としてブラジルに渡ったのだが、彼らも努力して、かなりの人が知識階層に入っている。現在ではサンパウロ大学で教職を得ている人も多数いて、軍隊で将軍になっている人も数名に達している。

ブラジルは多民族国家であるが、その中で、日系の人たちは尊敬されているのである。したがって、日系の人たちは、誇りをもって、日系であることを示しながら活躍している。

彼らからは、この裁判への熱狂的な支援の言葉をいただいた。

第五章

アメリカにおける情報戦

アメリカ人に「日本の常識」は通用しない

アメリカ人は、慰安婦について何も知らないというのが実情であり、また関心も持っていない。しかし、その中にも、知っている人はいる。もちろん、日本の歴史を専門として教えている人は、知っている。そして、それらの人はすべて、「彼女らは性奴隷であった」と信じている。

彼らの根拠は、一九九六年に出された国連特別報告者クマラスワミの報告であり、二〇〇〇年にコロンビア大学の出版部から出版された吉見義明の"*Comfort Women*"であり、そして二〇〇七年に決議された米国下院の日本非難決議である

それらのすべてに、日本の軍隊は、本人の意思に反して朝鮮の女性を連行して、無理やり兵士の性欲の対象にした、と書いてあるので、一般のアメリカ人が日本の軍隊は朝鮮人の女性を性奴隷にしたと信じているのも無理はない。むしろ、そう思わない方がおかしいだろう。

このことは、日本の常識がアメリカではまったく通用しないということを示している。日本人が新聞で、またはテレビで得た知識と、アメリカ人が同じ媒体から得る知識では、このように大きな格差があることを認識する必要がある。日本でいかに評論家やレポーターが日本語で書きまくったとしても、それはまったく、アメリカの大衆にも、学者にも、通じないのである。

櫻井よしこ氏が、または青山繁晴氏が、いかに日本人に対して説得力があっても、日本語で発信している限り、米国にはまったく通じていないのである。英語で発信されたものだけが、影響力を持つのである。

日本の新聞社が発行している英字新聞があるではないかという反論もあるかもしれないが、その影響力は微々たるものである。たとえ朝日新聞の英語版といえども、読者は限られている。しかも、朝日は自分に都合が悪いことに関しては、英語版では非常に控えめに報道するのである。

彼らは、二〇一四年の八月五日と六日に、日本語版で大々的に慰安婦に関する以前の報道に間違いがあることを認めた。だが、英語版では、やっと、八月の二二日になって、この件について発表したが、その内容は日本語版に比べると極めて控えめであり、その真意が分かりにくいような発表をした。したがって英語版の読者には、何が起こっているのか非常に理解しづらい内容であった。

朝日新聞を購読している人でも、そのような経験をしなければならなかったのであるから、日系の新聞を読まない米国人にとっては、まったく知るすべのないことであった。日米の認識格差はそれほどに巨大なのである。したがって、多くのアメリカ人が、慰安婦の性奴隷説を信奉していても、まったく不思議ではないのである。

ルーズベルト神話と慰安婦性奴隷説

慰安婦問題というのは、誰が考えついたのか不明であるが、アメリカにとっても都合のよい話題である。「東京裁判」で明らかになったように、アメリカにとって、日本は邪悪な国でなければならない。東京裁判では、連合国側によって、日本国は軍部やほかの少数の政治的な指導者によって独裁政治に走り、周辺の弱小国家を侵略して巨大な帝国を築こうとした侵略国家であると規定されている。そして、慰安婦問題は、この構想にぴったりとはまり込むのである。

日本の軍隊は、周辺の国の女性を奴隷のように扱いながら、他国への侵略を進めた、と考えると、東京裁判史観に適合する。よって、米国としては、実は歓迎するべき事案なのである。

しかも、この話は、よく出てくる「フランクリン・ルーズベルトが太平洋戦争を起こした」という「米国責任論」に反撃するための道具にもなる。

ルーズベルト大統領は戦略家で、大多数のアメリカ人が国外の戦争にかかわるのを躊躇《ちゆうちよ》していた時に、日本に真珠湾を攻撃させることによって、アメリカの世論を一夜のうちに逆転させ、第二次世界大戦に突入した、という説である。さらに、日本が騙《だま》し討ちをしたと唱えて敵愾心を鼓舞し、米国を勝利に導いた、米国にとっては偉大な戦略家であった。

しかし、その代わりに彼は、残忍なことを幾度もやっている。「米国責任論」によれば、パールハーバーに日本の攻撃が来ることを知りながら、現地の司令官に通知せず、自国の海軍の兵士を多数犠牲にしたし、それでなくとも、日本の都市を爆撃して、一般市民を多数虐殺し、さらに原子爆弾の製造も指示している。さらには、戦争開始直後に一二万人の米国西海岸の日系人を強制収容所に入れて、彼らの資産や職業を略奪した。

彼はこれらの荒治療をすることによって米国の経済を恐慌から救い出し、戦争に勝つことによって米国を世界の覇者に仕立て上げた。

真珠湾の真相は、いまだに極秘とされているので「米国責任論」には決着がついていないが、米国では今もなお、彼は英雄であり続けている。たとえ「米国責任論」が確定したとしても、その地位が崩れることはないであろう。

この国家的英雄の名を汚す可能性のあるのが、第二次世界大戦における米国の戦争勃発責任論である。最近では、この責任論がかなり台頭してきており、ハーバート・フーバー元大統領の回顧録などが読まれている。

このような米国戦争責任論に鋭く対抗するのが、実は慰安婦性奴隷説なのである。そのため、日本の戦争責任論が消えかかった一九九〇年代ころから、この話題が脚光を浴びるようになり、アメリカの指導者層が、これに飛びついた。

このような理由から、慰安婦の「真実」は、実は米国にとっては「不都合な真実」なのである。だからこそ、アメリカの本格的な日本史の学者までもが慰安婦性奴隷説に与《くみ》していると、解釈できるのである。

二〇一五年に、アメリカの代表的な日本史の学者一八九名が連名で、日本側の性奴隷説否定論に対して反対意見を表明した。そこには、ハーバード大学の学者も、コロンビア大学の学者も名を連ねている。真実に基づく歴史を追及しているはずの学者が、そのような傾向を持っていることは驚くべきことであるが、彼らにとっては、歴史の真実よりも、政治的な都合の方が重要なのである。

英語の文献が圧倒的に足りない

しかし、こうした米国の都合だけで物事が決まったと結論づけるのは誤りであろう。一方の、日本の人たちの怠慢も指摘しなければならない。

日本の保守層は、全体的に内向きである。国内の意見を動かせば、それで満足するという傾向がある。そして、国外に発信する必要性をあまり感じていない。

外国に向けて発信するためには、外国語で発信する必要がある。中でも、英語で発信するのが、最も効果的である。なぜなら、覇権第一国のアメリカがその言葉を使っているし、多くの国の人が、その言葉を学んでいる。国連でも、最も頻繁に使われるのは英語である。英語は、世界共通語としての地位を確立しているのである。

そこで、英語で書かれた慰安婦に関する書類を時系列で見てみる。

最初の政府の公的な発言は、一九九三年八月になされた「河野談話」であり、これは英語に翻訳されて全世界に伝達された。その内容は日本政府の関与を認め、「お詫びと反省の気持ち」を表明するものであった。

次に出された英文の資料は、一九九五年に設立された「女性のためのアジア平和国民基金」から発表されたものである。

この基金は、その前年に発表された、社会党の村山総理が表明した慰安婦問題に関する「深い反省とお詫びの気持ち」に基づいて設立された。このため、その基金から発信された情報には、慰安婦に関して、女性の人権を深く傷つけたので日本政府が謝罪するという傾向のものが、かなり含まれている。

翌一九九六年にアジア女性基金から送られた橋本龍太郎首相の手紙でも、「当時の軍の関与のもとに、多数の女性の名誉と尊厳を傷つけた」ことを認めている。

これらの文面が、ネット上の百科事典として広く活用されている英語版ウィキペディアの慰安婦における説明に、かなり使われている。したがって英語圏の人は、日本軍は女性の人権を深く傷つけたのだ、と認識するわけである。

そして、その次に出てきたのが、吉見義明の『従軍慰安婦』（一九九五年、岩波新書）の英訳版である、前出の"*Comfort Women*"である。この本で著者は、組織的な「強制連行」があったとまでは書いていないが、本人の意思に反してこれらの女性たちは日本軍の兵士たちの性的な欲求に応えなければならなかった、と書いている。そして、第二版からは、「Sex-Slaves（性奴隷）」という言葉が使用されている。

このような知識が基礎になって、アメリカ人の慰安婦観ができているわけである。彼らには、吉田清治の著書が創作であったことや、河野談話が日韓間の紛糾を収めるための政治的な手段であったことなど、まったく情報として伝わっていないのである。

マイク・ホンダ議員と下院一二一号決議の背景

二〇〇七年の米国下院決議の前には、一九九六年一月に国連特別報告者のラディカ・クマラスワミ女史が慰安婦問題について書いた報告書があった。彼女は、その前年の七月に一〇日間、韓国と日本を訪問して関係者に会い、報告書を作成した。

この報告書は、慰安婦を軍による「性奴隷」であると断定し、彼女らは騙しや脅《おど》かしによって徴用され、暴力的で残忍な兵隊にもてあそばれ、自由のかけらもない苦難の生活をさせられたと結論づけている。しかも、数名の元慰安婦と称する女性からの体験談をもとに、かなりの女性が反抗したために殺害されたとしている。そして、日本政府に、公的謝罪と補償を勧告している。

しかし、この報告書でクマラスワミ女史は、吉田清治の『私の戦争犯罪』を実体験であると解釈し、慰安婦たちの証言には政治的な思惑があるということにも触れていない。しかも、一九六五年の日韓基本条約に伴う協定には個人への補償が含まれていないという偏向した解釈をしているなど、問題の多い報告書である。

この報告書はアメリカの一般の人々には注目されなかったが、シリコンバレー地区選出の日系人、マイク・ホンダ議員の注目するところとなった。この地区では、中国系の人口が多いために、反日運動をすることが選挙で有利になるのである。

彼が主導した米国下院の決議案一二一号は、ほとんどクマラスワミ報告の踏襲である。それは、「戦争が終結するまで、日本軍が多数の若い女性を徴用して慰安婦として性奴隷化したのは、二〇世紀における最大の人身売買であり、そのために多数の女性が犠牲になった。日本政府はこの歴史的な罪悪を認め、公式に謝罪し、このような罪悪の事実を否定することがあってはならない」とするものであった。この日本非難決議にも、吉田清治による悪辣《あくらつ》な作り話の影響が見られるのである。

吉田清治の著書を根拠とする英語文献

慰安婦に関するこのような理解が出てきたのは、米国における英文資料の貧困さによるものである。米国における最初の本格的な英文図書は、一九九五年にオーストラリア人、ジョージ・ヒックスの書いた『慰安婦（*The Comfort Women*）』であった。この本は、日本、韓国のみならず、オーストラリア、フィリピン、マレーシア、さらにオランダからも情報を集めて、雑多な情報を入れたものである。だが、日本の残虐性の証拠として、吉田清治の済州島における「慰安婦狩り」を重要な根拠にしており、少なくとも五カ所において、彼の『私の戦争犯罪』を引用して、その残虐性の根拠としている。

今ではよく知られているように、吉田清治氏のこの著作は、朝日新聞によってしばしば報道されて話題になった図書であるが、地元済州島の知識人によって信憑性を失い、現代史家の秦郁彦氏によってその虚構が確認されたものであり、その内容は史実ではなく、創作であった。最近ではジャーナリストの大高未貴氏によって、彼は朝鮮系のエージェントによって動かされた可能性があるということも判明している。

またヒックスは、インドネシアのスマランにおける、日本軍の規則に違反したオランダ人女性のレイプを、日本の軍隊の残忍性の例として挙げている。だが、それは直後に軍自体によって停止され、首謀者は戦後にオランダの軍事裁判にかけられて処罰を受けたものであるから、あくまで例外的なものであり、日本軍の行動を代表するものではない。したがって、この図書は信頼することができない。よって、ヒックスの図書も信頼するに値しない。

次に出てきたのが、先述の吉見義明『慰安婦（*Comfort Women*）』（二〇〇〇年）である。この図書は、著者が一九九五年に日本で出版した図書の英語版であるが、吉田清治の図書に頼ることなく慰安婦問題を議論しつつ、慰安婦をやはり「性奴隷」と性格づけしている。

しかし、当時の日本国領内である朝鮮や台湾では強制連行がなかったことを認めているし、事実認識としての間違いは大きくない。しかし彼は、この制度が女性を「本人の意思に反して」採用したり性サービスを提供させたりしたことを強調して、日本政府が人権侵害をしたと主張している。しかし、「本人の意思に反して」行動することは、多くの人にしばしば起こることであり、それをもって人権の侵害とすることはできないだろう。

そのほかに、先にも触れたように、日本政府は一九九三年に「河野談話」を発表して慰安婦制度について政府の関与を認め、謝意を表明し、一九九五年には「アジア女性基金」を設立して慰安婦に「償い金」を支給し始めた。これらの情報は、アメリカの知識人には伝わっていた。

こうした図書が、二〇〇七年の米国下院の日本非難決議ころまでの、主な慰安婦に関する英文図書であった。したがって、繰り返しになるが、当時アメリカの知識人たちが、慰安婦についてては日本政府に落ち度があったと信じたとしても、別に不思議ではないのである。

当時、出版されていた慰安婦に関する英文の図書として、他にも元慰安婦と称する女性の体験記録的なものはいくつかあったが、それらは政治的な意図で書かれた形跡があり、史実としての信頼性は乏しい。信頼できる学術的な図書としては、私がサンフランシスコでの公聴会で引用した、二〇〇八年にサンフランシスコ州立大学人類学教授のＣ・サラ・ソー女史が書いた図書、『慰安婦（*The Comfort Women*）』を待たなければならなかった。

彼女は、先述したように韓国の出身であり、米国に留学して学者になった人で、慰安婦経験者について詳細な調査をおこなった。その一つの注目すべき結論は、慰安婦の採用には朝鮮人の業者が親から娘を買い取ったケースが多い、ということである。

さらに著者は、元慰安婦の体験談を詳しく調べ上げ、体験談が後にどのように変化していったかを明示している。それによれば、明らかに政治的な要因が、彼女たちの供述内容を変化させているのである。

しかし残念ながら、この著書は米国下院の非難決議の後に出されたものであり、学術書でもあるため、アメリカの一般読者には、ほとんど読まれていない。

近年では、性奴隷説を否定する立場からは、二〇一五年に私が出版した『慰安婦は性奴隷ではない（*Comfort Women Not "Sex Slaves"*）』や、二〇一七年のアーチー・ミヤモト著『戦時中の慰安婦に関する軍の記録（*Wartime Military Records on Comfort Women*）』が出版されているが、それでも、元慰安婦などの信頼性の低い体験談を根拠にした図書の方が、圧倒的に多いのである。

第六章

グレンデール市慰安婦像撤去裁判の経過

連邦地方裁判所に提訴

二〇一四年三月上旬、GAHT-USの代表二人が東京に赴き、三月一一日に「カリフォルニア慰安婦像撤去訴訟 帰国報告会」と称して、衆議院議員会館の大会議場で報告会を開催した。

衆議院議員・杉田水脈氏の紹介で、定員三〇〇名の大会議場を使用することができた。日本維新の会（当時）の国会議員、中山成彬、山田宏、三宅博、西村眞悟、杉田水脈、西田譲、田沼隆志の諸先生方の出席をいただいた。また、自民党からは衛藤晟一、西川京子、山谷えり子の諸先生方が出席された。他に、チャンネル桜の水島総社長など、著名人の参加もいただいた。

座席はすべて埋められ、立ち見の聴衆が周囲を埋め尽くした。会場は熱気にあふれ、人々のこの裁判に対する熱意と共感が、ひしひしと感じられた。「なでしこアクション」代表・山本優美子氏の司会で、当事者の加瀬英明氏、私と水島一郎氏が裁判の目的や進行状況な

慰安婦像撤去訴訟 帰国報告会

どを説明し、議員諸氏から熱意のこもった激励の言葉を数多くいただいた。

聴衆からの質問の中に、裁判費用の規模についてのものがあった。私の答えは「実際にやってみなければ分かりませんが、今までに聞いた情報からすると、第一審で一年かかり一億円、第二審でまた一年で一億円、さらに最高裁で二～三年かかると考えて、全体でおよそ五億円と見ています」と答えた。

会合は、ＧＡＨＴ発起人の一人である藤岡信勝氏の要約で終了した。

この会合の中で、聴衆に裁判の後援者を募集していることを告げた。すると、その日だけで四〇〇名にのぼる方が、後援者として署名してくださった。その後も後援希望の方が名乗り出てくださり、約五〇〇名の後援者グループが結成された。

この熱意・共感は、ＧＡＨＴ－Ｊａｐａｎ（歴史の真実を求める世界連合会の、日本に登録した団体）への寄付金の額にも反映された。二月二〇日の提訴の発表から三月三一日までの、約四〇日の期間に、四九〇〇万円もの寄付が振り込まれたのである。我々は深く感謝して、裁判において誠心誠意を尽くすことを誓った。

グレンデール市と、その協力者たちの反応

突如として市の誇りとする慰安婦像の除去を法的な手段で求められたグレンデール市は、前述の通り、対抗策として、著名な弁護士事務所シドリー・オースティンの支援を受けることに成功した。しかも、この会社はプロ・ボノ（無料）で言論の自由を守るために引き受けたと言われている。

この弁護士事務所は、非常に大きな会社で、世間的に知られた案件をプロ・ボノで引き受けることを、しばしばおこなっている。

彼らはあくまで、我々の訴訟に対抗してくる姿勢であった。市の反論は二〇一四年四月一一日に提出された。その中で彼らは、我々の要求に対して、次の理由を挙げて反駁《はんばく》した。

①原告が負わされた苦難は、実現されたものではないので、訴訟する資格がない。
②この件は政治的なものであるから、司法の判断になじまない。
③歴史的に重要な事件については、市は意見を発表する権利がある。
④グレンデール市が発した見解は、連邦政府の政策と相反しない。

ここで再び流れを整理すると、その直後に起こったのが、前述した、我々の弁護士事務所メイヤー・ブラウン社の撤退である。そして、例の、日本攻撃で名の知れた世界抗日戦争史実維護連合会（日本では「抗日連合会」として知られている）が、この裁判に関連して、アミカス・キュリエ（意見書）を提出して、被告のグレンデール市を擁護してきた。五月一五日のことである。

その内容は、「河野談話」を含む書類であり、日本軍がアジアの女性に対して、人権を無視して性的な暴力を働いたということを主張する書類である。

その一週間後には、グレンデール市に慰安婦像を提供したカリフォルニア韓国系米人フォーラム（ＫＡＦＣ）がアミカス・キュリエを提出してきた。内容は同様で、慰安婦がどのような悲惨な生活を強《し》いられたかということを主張する書類であった。

これらのことは、この裁判の相手は明らかにグレンデール市ではなくて、中国であり、韓国であるということを示すものであった。これらの団体が、小さな我々の団体に対して、宣戦を布告してきたのである。

二つの意見書は共に、印象操作を狙ったものである。彼らは、「慰安婦問題は『河野談話』で日本が謝罪したのであるから、日本が人権侵害をおこなったことは明らかである。人権侵害をおこなった人たちを擁護すること自体が悪であるから、原告の主張は棄却されるべきだ！」と叫んだのである。

だが、幸いにも、これらを受領した担当判事パーシー・アンダーソンは、これらの内容は、本件の争点とは関係がないとして、参考意見として採択しなかった。

グレンデール市からの反論に対しては、四月二八日にメイヤー・ブラウン社から再反論が送られた。そこでは、市側の唱えるすべてのポイントが誤っていることを指摘した。原告に資格がないという主張に対しては、現実に原告が苦しみを感じているときには、それを認めるべきだとして、そのような判例を示して反論した。

さらに、外交に関しては、米国憲法によって連邦政府の独占性が確立していて、州や地方自治体はそれを侵害することは許されず、グレンデール市が表明した見解がたとえ連邦政府の見解に合致している場合でも、連邦政府の権限の侵害は起こるのであり、それは「フィールド・プリエンプション（分野侵害）」と言われると反論し、そのような判例を複数例示した。

連邦地方裁判所の判決メール

このような事態が起こっている中で、いつ公判がおこなわれるのかを思案していたところ、八月四日、突然に判決がメールで伝えられた。まさに寝耳に水である。

我々は、まず公判の日時が発表され、そこで開廷されることを想定していた。しかし、アンダーソン判事は開廷の必要性を認めなかった。そして、突如として判決を通知してきたのである。

判決は第一に、原告にはこの訴えをする権利がないとする、ということであった。しかも、権利がないのであればそこで判決は終わるべきであるのに、さらに続けて、原告の要求には十分な根拠がないという判断を下されてしまった。我々原告の完全な敗訴である。

グレンデール市は、のちに述べる、カリフォルニア州のアンタイ・スラップ法（アンチ・スラップ法）を持ち出して、裁判に要した費用の返済を原告に求めてきたが、判事は、それは連邦政府の法律ではないとして、グレンデール市の請求を却下した。グレンデール側は、アンタイ・スラップ法を持ち出すことによって我々の支出を膨張させ、訴訟意欲を減退させることを狙ったのである。

さらにアンダーソン判事は、グレンデール市が自身の条例に反して碑文を公開せずに承認した件については、連邦裁判所としては判断できないので、州の裁判所に持ち込むべきであるという判断を下した。

連邦控訴裁判所への控訴

以上のように、連邦裁判所の第一審は、わずか半年で終了したのである。そこで我々は、上告すべきかどうかを考えた。上告する理由がいくつか考えられた。

第一に、担当のパーシー・アンダーソンは極めて評判の悪い判事であり、そのような判事が一人で決めた判決は信頼できないということである。原告にはこのような要求をする資格がないと判断しながら、そこで判決が終わるのではなく、要求の内容にまで判断を下している。

第二に、弁護士たちの意見として、判事は原告の資格を検討する際に、先例の解釈を間違えたということを指摘した。このような初歩的な誤りがあったということだ。

第三に、控訴審では判事の数が三人になるし、判事の質もよいので、異なる結果が出ることが期待できた。

第四に、地方自治体が外交についての見解を発表することについての合憲性は、それまで争われたことがなかったので、控訴裁判所でどのような結論が出るのか不明ではあるが、より深い観点から審議してもらう必要性があると考えたのである。

とにかく、アンダーソン判事のこの判決は、あまりにも偏向した判決であったと考えられた。つまり、この判決には、中国・韓国系の団体による直接的または間接的なロビー活動によって影響を受けたかもしれないという疑念があり、控訴裁判所では判事が三人になるので、控訴審では、それらによって影響される可能性が少なくなるであろうという期待もあった。

このような理由で、我々は上告することに決定し、新しく交代したデクラーク弁護士に、連邦控訴裁判所への控訴をお願いした。そして二〇一四年九月三日、控訴状が第九巡回区控訴裁判所に提出された。

カリフォルニア州裁判所への提訴

さらに、この第一審の判決は、カリフォルニア州の裁判所への道を開いてくれた。アンダーソン判事が、市議会の市条例違反は連邦裁判所の管轄ではないとし、州の裁判所への提訴を薦めたからである。この忠告に従って、我々は同じ九月三日に、ロサンゼルスの州の裁判所に提訴した。

その内容は、最初に連邦地方裁判所に提出したものと同様である。慰安婦像の設置によって、連邦政府が独占すべき外交の権限をグレンデール市が侵したこと、また、市議会は市条例に反して碑文を公開せずに承認してそれを設置したので、慰安婦像は除去されるべきである、とするものである。

さらに、日本人・日系人に対する差別であるという項目を、この訴状で訴因として追加した。この記念碑は、日本政府を糾弾し、謝罪を求めている。明白な根拠もなしにこのような要求をするのは、差別であると考えたのである。

この期間を通じて我々は、我々にとって、より適切な弁護士を探していた。私が以前から親しくしていた同じカントリークラブのメンバーであるロナルド・バラック氏に話したところ、彼はその問題に関心があると答えた。しかも彼は、暇な時には米国の憲法を題材とした小説を著述していたという。

さらに、彼は一九六四年の東京オリンピックで米国の体操選手として訪日し、その後も日本をしばしば訪れた親日家であり、日本企業がカリフォルニアに進出した際には、いくつかの日本企業のために働いた経験があった。

私は、弁護士チームに憲法の専門家が入ることを求め、さらに、著名な弁護士事務所が参加することを求めた。こうしてマックスウェル・ブリーチャー氏が率いる中堅弁護士事務所を看板として、大学教授の憲法専門家とバラック氏で構成される弁護士チームが結成された。二〇一四年一〇月のことである。それから、先に提出した連邦控訴裁判所への控訴状と、州の法廷に提出した訴状の修正作業が始まった。

新しく採用した、憲法を専門とする教授の提案には、次の事項があった。まず、日本政府が原告となって訴訟をすれば、直接に米国の最高裁判所に訴えることができるので、迅速に結果を出すことができるということ。

そこで、ロサンゼルスの日本総領事館に、弁護士とともに訪れて伺いを立てた。だが総領事の答えには失望した。「日本政府としては、この問題は、外交問題ではなく、国際問題でもない。したがって政府としては何らの行動もとれない」というのが、その返事であった。

総理大臣が、さらに官房長官が強い遺憾の意を表明している慰安婦像の建立が、国際問題でもなく、外交問題でもないと公言したのだ。すでに日本と韓国では、この問題に関して両国の関係が悪化し、首脳会談が中断されている時に、こんな判断を示したのである。

こんなことで、政府の介入はお預けとなった。この国の出先機関である総領事館が国と異なる意見を持っていることを知らされ、愕然とした。一緒に行ったバラック弁護士は、総領事館を出た時に、「君の国は不思議な国だな。理解できない」と言ったが、私には、それに答えることができなかった。

さらに、先ほどの憲法の教授は、日本政府がこの裁判に関して関心を持っていて、原告の主張を支持していることを裁判所に伝えることには、強力な効果があると助言をしてくれた。その形態は、アミカス・キュリエでもよく、または、レター・オブ・インタレストと称する一枚の手紙でもよいということであった。

そこで我々は、地元の日本総領事館にもその趣旨を伝えてお願いをしたが、彼らは、そのようなことをすれば外交官が米国内で持っている治外法権を失う恐れが出てくると言って拒否した。これは単に、総領事館がこの件にかかわりたくないので、そのような口実を述べたのかもしれない。

そこで、東京へ行って、外務省の担当官にも同じことを伝えて依頼したが、具体的な反応は何もなかった。外務省の担当官に、必要なら外務大臣にお会いして直接に懇願することもできますと伝えたところ、担当官から「外務省は広いので」と言われて、断られた。二〇一五年二月から二〇一六年にかけてのことである。

第九巡回区控訴裁判所 パサデナ支部

連邦控訴裁判所の判決

カリフォルニアを管轄している連邦控訴裁判所は、第九巡回区控訴裁判所と言われていて、判事が極めてリベラルであることで知られているので、一抹の不安はあった。ここで言うリベラルとは、左派の考えに近いということであり、我々にとっては有利な環境ではない。しかし、この与えられた状況の中で、最善の努力をすることにした。

新しい我々の弁護士チームは、訴状内容の修正を二度おこない、二〇一五年三月に、最終の控訴状を提出した。

第一点は、原告には訴訟をする資格があるということを、より明確にすることであった。そのために、原告の一人である私もグレンデール市内に不動産を買い、不動産税の支払い者であるということにした。それは、第一の原告であるギンガリー夫人が亡くなられたからである。

第二点は、今までの数多くの連邦裁判所の判例を集めて、グレンデール市の行為は連邦政府の外交における権限を侵すものであるということを強調した。

それに対して五月に、グレンデール市が反論を提出した。六月には、カリフォルニア韓国系米人フォーラム（ＫＡＦＣ）が再びアミカス・キュリエを提出してきた。次いで、中国系の抗日連合会もアミカスを提出してきた。前回と異なるところは、今回は、判事がそれらを関係のある書類として受理したことである。

そうこうしているうちに、控訴裁判所の都合によって時間が経過していき、二〇一六年六月七日に、パサデナ市の連邦控訴裁判所で公判が開かれることが決まった。

三人の判事は、スティーブン・ラインハート（主審）、キム・マクレーン・ワードロー（控訴裁判所判事）、エドワード・コーマン（ニューヨーク東部地区地方裁判所判事）であった。

当方からは、ドナルド・バラック弁護士が我々を代表して判事団に訴え、グレンデール市の方は、シドリー・オースティン社のクリストファー・ムンジー弁護士が答弁をした。

約一時間の弁論がおこなわれ、ようやく充実した公判が開かれたと感じた。質疑応答においては我々の方が圧倒的に有利で、グレンデール側は終始守勢に立たされていたと感じ、我々は良い結果が出るのではないかと期待した。

第九巡回区控訴裁判所での公判の様子

結果は、八月四日に電子メールで知らされた。まず第一審と異なり、原告の訴訟資格は認められた。あれほどアンダーソン判事が拒否した原告の資格が認められたのである。

しかしながら、肝心の点では敗訴した。三人の判事は、グレンデールの記念碑の建立は、市としての伝統的な見解の表明であると解釈し、連邦政府の外交における独占権を侵害するものではないと結論づけた。すなわち、第一審の判決を支持したのである。

公判において有利であったと思っていただけに、我々は弁護士とともに落胆した。バラック弁護士は「バイアスがある」と、つぶやいた。

しかし、この判決は注目に値する。今まで、グレンデールのような地方自治体が国際関係に関する見解を表明することについての判例はなかったのであるが、この判例によって、法律などで人々の行動を直接に制限しない限り、地方自治体は外交についての見解を表明できるということになったのである。〔巻末に判決文を収録〕

これは、一年後に起こる、バージニア州での南軍の将軍の像を撤去しようとする動きに関する混乱を予見するものであった。この判決は同時に、第九巡回区控訴裁判所の、リベラルへの傾斜を再確認するものでもあった。

この段階で我々は、米国連邦最高裁判所に上告することもできたが、まずは、この控訴裁判所に、アンバンクでの再審査を請求することにした。アンバンクとは、全判事が参加して、という意味である。

しかしこのころ、ＧＡＨＴへの寄付金は底を突き、多大な借金を背負うことになっていたので、今までの弁護士チームを解約し、我々が自分で控訴再審査請求書を書くことにした。そのアドバイザーとして、以前のデクラーク弁護士に指導をお願いすることにした。彼に内情を話したところ、通常よりはかなり安い報酬で仕事をしてくれることになった。

この際に初めておこなったことは、当方を支援してくれる団体にアミカスを出してもらうことにした、ということである。これに、東京の「日本近現代史研究会」と「史実を世界に発信する会」が協力してくれた。

前者が、慰安婦の実情についての日米の公文書館などの資料をまとめて慰安婦の実情を、後者が、二〇一四年からの日米の学者の慰安婦に関する論争をまとめて、アミカスとして第九巡回区控訴裁判所に提出してくれた。

提出に当たってはデクラーク弁護士が、日夜通して膨大な書類をまとめて、期限までに提出してくれた。二〇一六年九月のことであった。

それらは、すぐに控訴裁判所に受理された。慰安婦についての正しい知識が、カリフォルニアの連邦控訴裁判所に届けられたのである。しかし、一〇月一三日には、再審査を拒否する知らせが控訴裁判所から届いた。

あまりにも早い拒否の知らせであった。おそらく、判事がそれらの「意見書」を読む前の段階で、申請は却下されたのだと思われる。

米国最高裁判所への審理請求と、その結果

こうなると、残るのは米国連邦最高裁判所である。だが、上告するには少し躊躇した。なぜなら、いろいろと調べた結果、米国の最高裁判所は、提出された案件のうち法的な判断の統一性を保つに必要な案件と国家的に重要な案件だけを採択するため、上告された案件の一～二パーセントくらいしか採択されず、かなりの費用をかけて上告しても、無駄になる可能性が強いことが分かっていたからだ。

しかし、二〇一六年にＧＡＨＴの理事になった細谷清氏と話し合った結果、今までの積み重ねがあるので、我々だけでもなんとかできるということで、申請書のかなりの部分を自分たちで準備することにして、デクラーク弁護士には、かなりの低価格で仕上げをしてもらい、それを提出することにした。申請の期限は、最初の控訴裁判所の判決の日から数

ワシントンの最高裁判所に申請（左から山本優美子氏、著者、細谷清氏）

えるので、あまり日数がなかった。

東京から細谷理事が手弁当でやってきた。私と細谷理事で申請書の原案を作成し、「なでしこアクション」の山本優美子氏に特定情報の提供をお願いして、申請書の原案をまとめた。

それをデクラーク弁護士に渡して正式な提出書類としての形式を整えてもらい、また、彼の弁護士としての見解も入れてもらった。デクラーク弁護士も我々も、寝る暇がないくらい、昼夜を問わず働いた。

やっと上告申請書をまとめて、首都ワシントンにある最高裁判所に提出したのは二〇一七年一月一〇日のことであり、最終期限の一日前であった。

東京から飛んできた山本優美子氏が合流して、細谷氏と私の三人で厳寒のワシントンに出かけた。その時期は、折悪《あ》しくも最高裁に判事一人の欠員があって、そこでの過半数を取るためには、八人のうち五人の判事の賛成が必要となり、確率的には不利な状況下にあった。

その判決を待っている間に、驚くべき知らせを受けた。日本政府が、米国連邦最高裁判所に、我々を支援するアミカス・キュリエを提出したというのである。二月二二日のことである。〔GAHTが日本語に訳したものを巻末に収録〕

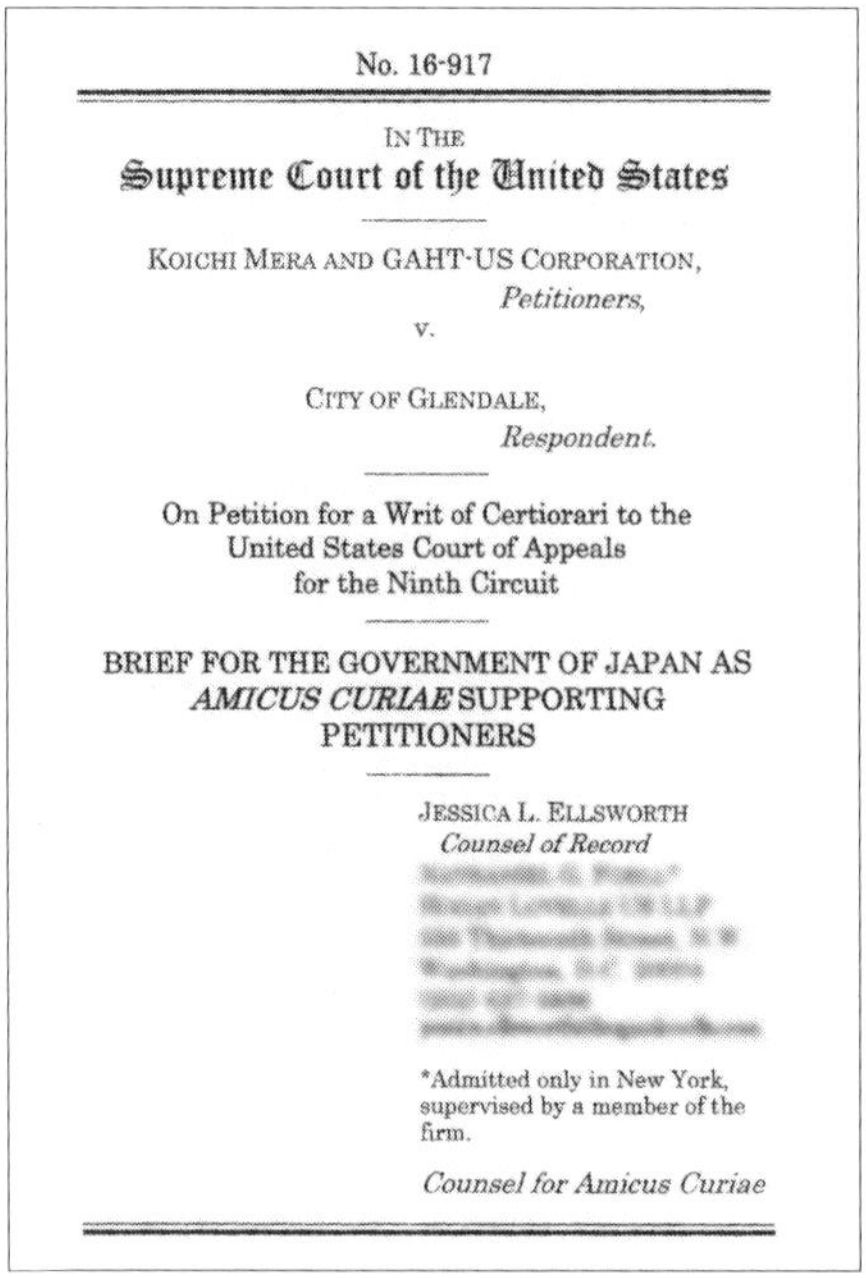

No. 16-917

IN THE
Supreme Court of the United States

KOICHI MERA AND GAHT-US CORPORATION,
Petitioners,
v.
CITY OF GLENDALE,
Respondent.

On Petition for a Writ of Certiorari to the United States Court of Appeals for the Ninth Circuit

BRIEF FOR THE GOVERNMENT OF JAPAN AS *AMICUS CURIAE* SUPPORTING PETITIONERS

JESSICA L. ELLSWORTH
Counsel of Record

*Admitted only in New York, supervised by a member of the firm.

Counsel for Amicus Curiae

日本政府の意見書の表紙

それまでの日本政府との関係からして、我々は、お願いはしていたものの、政府からの支援については、それほど期待していなかった。しかし、そのアミカスを見て我々はさらに驚いた。そこには、原告である我々を支援すると明瞭に書いてある。そしてその内容には、ワシントンの米国人弁護士が作成したものではあるが、極めて適切な記述がされていた。

まず、米国では州や地方自治体に外交的な案件について権限を与えたことはなく、第九巡回区控訴裁判所がグレンデール市に与えた外交についての表現の自由は極めて異例であると断じ、日本と韓国の関係は壊れやすいものであるから、グレンデール市の行為が日米韓の関係に深刻な影響を与える可能性があることは明らかであるとして、控訴裁判所の判決は再検討されるべきであると主張していた。

我々が期待していた政府からの支援が、やっと来た、ということで、感無量であった。だが、この日本政府の支援は、あまりにも遅すぎた。三月二七日に最高裁判所から発表があり、我々の申請は受け付けられなかったことが判明した。受け付けないことによって、控訴裁判所の判決が最終判決となったのである。

政府からの意見書があと一年早ければ、と極めて無念であった。そして、これで、今後アメリカの都市で、次々と慰安婦像が建てられるのだということを想像して、非常に悔しい思いをした。事実、二〇一七年には、ブルックヘブンとサンフランシスコの公共の場に

産経新聞　平成29年（201

グレンデール　慰安婦像撤去訴訟

日本政府　米最高裁に意見書

「外交方針を妨害、逸脱」

歴史戦

米カリフォルニア州グレンデール市に設置された慰安婦像の撤去をめぐり、地元の日本人たちが米連邦最高裁での上告審を求めていることについて、日本政府が「請求は認められるべきだ」との見解を表明した意見書を連邦最高裁に提出したことが24日、分かった。日本政府が連邦最高裁に第三者意見書を提出することは異例。米国内で相次ぐ慰安婦像・碑の設置に関し、日本政府の意見表明の機会になると判断したようだ。

像の撤去を求めているのは、現地在住の目良浩一氏と日系住民らで作るNPO法人「歴史の真実を求める世界連合会（GAHT）」。地方自治体であるグレンデール市が慰安婦像設置を通じて外交問題に関して立場を表明することは、外交における全権を連邦政府に付与した米国憲法に違反するとして、201

慰安婦像撤去求めた裁判 米連邦最高裁が却下

アメリカ・ロサンゼルス近郊の公園に設置された、慰安婦問題を象徴する像の撤去を求めて地元の日本人などが上訴していた裁判で、アメリカの連邦最高裁判所は27日、この訴えを却下しました。

この裁判は、アメリカ・ロサンゼルス近郊のグレンデール市の公園に設置された、慰安婦問題を象徴する銅像について、地元の日本人などが2014年、市に撤去するよう求める訴えを起こしたものです。

原告は、銅像の設置は外交問題に市が特定の態度を表明することになり、連邦政府だけに認められる外交権限の侵害にあたると主張しましたが、地元の裁判所は、外交権限の侵害にはあたらないなどとして1審、2審とも訴えを退け、原告側は、連邦最高裁判所に上訴していました。

日本政府の意見書について伝える産経新聞の記事（平成29年2月25日付）と
最高裁での申請拒否を伝えるＮＨＫの記事（Web版・平成29年3月28日付）

慰安婦像が建てられた。

我々が三年かけて努力をしたことが水泡に帰したのかと一時は思ったが、そうではなかった。我々の努力によって、遅まきではあるが、日本政府が目覚めたのだ。やっと日本政府は、ことの重大性を理解し始めてきたのだなと感じて、希望をつなぐことができた。

カリフォルニア州裁判所の判決

ここまで、連邦裁判所関係について記述して来たが、次に、カリフォルニア州の裁判所の経過について、書いておきたい。

まず、二〇一四年九月三日に提訴して、その後、我々の方の弁護士が交代したこともあって、その後、二度にわたって訴状を修正した。それに対してグレンデール市側の反論があり、二〇一五年二月二三日に最初の公判が開かれた。担当判事はマイケル・リンフィールド氏であった。

訴因は連邦裁判所におけるものと同じで、それに、碑文の全文を示さなかったという市の条例違反と、日本人と日系人に対する差別が、訴因として加えられた。不思議なことに米国では、同一の訴訟を州の裁判所と連邦の裁判所に持ち込める場合があるのである。

二〇一五年の五月五日に公判が開かれた。この判事は、公判の前に判決案を作成して、原告と被告に送りつけるのが習慣である。その判決案の第一行を見ただけで、判決の内容が判明した。

マイク・ホンダ議員が主導した米国下院の二〇〇七年の決議一二一号を引用して、「日本軍が第二次世界大戦中に、慰安婦に対して凶悪な罪を犯したことに疑う余地はない。日本政府も認めている」と前置きして、判決文を書いていたのである。

我々は地方自治体が連邦政府の権限を侵害したとして糾弾しているのに、そのような法律論は棚に上げて、我々を最初から罪人扱いしたのである。

しかも開廷時には、判事は我々の弁護士に向かって「君たちは、凶悪・非道なことをした日本軍の味方をするのかね」と言い放ったのである。我々の弁護士の陳述を聞いたというジェスチャーはしたものの、判事みずから、結論ありきの裁判であった。

その結果、我々の敗訴は決まったが、それに加えて、グレンデール市を弁護するシドリー・オースティン社の弁護士にアンタイ・スラップの動議を出され、その罰金まで科せられてしまった。

カリフォルニア州のこの法律は、まともな理由がなく相手を困らせるためだけの訴訟（スラップ訴訟）をさせないように、そのような訴訟を起こした人には相手方の訴訟の費用を負担させる、という法律である。

この法律は、通常は、大企業が個人を相手に、恫喝的あるいは報復的な訴訟をすることを防止するのが主な目的である。しかし我々は大企業でもなく、そのような邪悪な目的は持っていなかった。それにもかかわらず、アンタイ・スラップの罰金を払わされることになったのである。

このような危険性があることは訴訟を始める前に知らされていたので、まったくの青天の霹靂《へきれき》ではなかったが、公平性に欠ける、理不尽な決定であった。

この罰金の額を決めるためにも、また公判があり、八月九日に、罰金は一五万余ドルと決まった。もともと、この法律は、大企業の暴走を防ぐのが目的であり、弱小ＧＡＨＴをアンタイ・スラップの標的にするのは筋違いであるが、法律は一旦できてしまうと、その文面に従い、運用されてしまうのである。

このようなアンタイ・スラップ法は、言論の自由を制限するものであるため、採択していない州もあり、採択はしていても、廃止に向かっている州もある。まったく本来の趣旨に合わない罰金であるが、判事の決定によって、我々に支払う義務が出てきてしまった。

カリフォルニア州控訴裁判所への控訴と判決

この州の法廷においても我々は控訴した。二〇一五年一〇月に控訴状を提出し、それに対してグレンデール側の反論があった。公判は二〇一六年八月九日におこなわれた。判事は、連邦控訴裁判所と同じく、三名であった。ポール・ターナーが主席判事で、Ｊ・ベイカーとＪ・ラファエルの二人が判事であった。

質疑応答がいろいろあった後で、当方の弁護士が「グレンデール市の記念碑は明らかに、日本人を差別するものである」と述べたのに対して、主席判事のターナー氏は突然顔面を赤くして、「私は東條が嫌いだ。他の人も皆、彼が嫌いだ。そのような人を差別して何が悪い」と切り返してきた。

あまりの唐突さと意外な攻撃に、バラック弁護士は答えに窮《きゅう》した。傍聴している我々も、あいた口がふさがらなかった。カリフォルニア州の法廷は、このような暴言がまかり通るところである。

このことに関して、弁護士に判事を訴えることができないかと問いただしたところ、判事が法廷内で発言したことに対しては訴訟できないとのことであった。そこで、この発言を記録するために、法廷に議事録を請求した。しばらくして受け取った議事録には、この言葉は記載されていなかった。判事が直接に介入して削除させたに違いない。

肝心の憲法違反の訴えには、この記念碑は市の意見を表明しただけであり、外交には直接の影響を与えないので、憲法違反ではないと判事は結論づけた。

市議会の規則違反については、この文言はその後に市議会が承認したので、問題はないと結論づけていた。しかし、いつ、どのような形で承認されたかについては、まったく記載されていない。日本人や日系人への差別については、さまざまな理屈をつけて、差別ではないとしている。

この公判は二〇一六年一一月になされ、結果は予想通りに第一審と同じく敗訴であり、控訴裁判に要したグレンデール市側の弁護士費用を我々が負担することになった。二回目のアンタイ・スラップ罰金である。罰金額を決定するための公判は二〇一七年の五月四日に開かれ、一三万余ドルとなった。この判決が出た直後に、この控訴裁判所に対して再審査の請求をしたが、すぐに却下されてしまった。

この、州の裁判所における裁判は、連邦裁判におけるものよりも、偏向の度合いが強いように思われた。第一審の判事も、第二審の判事も、我々の訴訟に対して「罪人を支援するものは罪人である」という考えで対処しているようであった。

このような偏向が、グレンデール市を擁護する外国系の関係者の影響力によるものなのか、彼らが以前から持っている性格から来るのかは不明であるが、いずれにせよ、中国・韓国系のロビー活動は功を奏していると思われる。

今後カリフォルニアで同様の訴訟を起こすには、詭弁や不平等にひるまぬ、強靭な精神力を持った弁護士が必要であると感じた。

裁判への寄付金

二〇一四年二月二〇日、ロサンゼルスの連邦地方裁判所に訴状を提出すると同時に、近くのホテルで記者会見をしたので、日本の主な新聞社やテレビ局の記者やカメラマンなどが参集した。これで、慰安婦像の撤廃のために「裁判」が起こされたことが、広く日本中に伝わった。

続いて三月初旬には、東京で「帰国報告会」を開催したので、さらに人々の関心を呼ぶことになった。この二月と三月の日本における寄付金収入は、前述の通り四九〇〇万円を超えた。同時期のアメリカでの寄付金額は、三万ドル（約三〇〇万円相当）であった。

〔表A〕GAHTへの寄付金収入

	2014	2015	2016	2017
1月		¥1,591,668	¥205,000	¥3,312,000
2月	¥16,535,981	¥2,530,973	¥920,000	¥1,722,502
3月	¥32,517,128	¥1,001,386	¥2,055,306	¥960,000
4月	¥10,420,058	¥2,884,330	¥463,417	¥1,470,568
5月	¥4,346,530	¥27,302,905	¥291,000	¥419,000
6月	¥2,447,422	¥2,210,813	¥2,548,568	¥305,600
7月	¥1,967,531	¥1,114,499	¥1,167,000	¥47,000
8月	¥1,393,701	¥601,127	¥4,261,850	¥96,000
9月	¥1,401,612	¥1,142,034	¥4,503,182	¥131,000
10月	¥416,051	¥2,352,500	¥4,592,420	¥223,000
11月	¥198,574	¥1,042,555	¥949,999	¥296,000
12月	¥661,995	¥1,199,000	¥1,585,920	¥506,400
円収入	¥72,306,583	¥44,973,790	¥23,543,662	¥9,489,070
$収入	¥5,520,158	¥7,612,843	¥6,111,006	¥2,447,149
合計	¥77,826,741	¥52,586,633	¥29,654,668	¥11,936,219
総合計	¥172,004,262			

注：日本国内の寄付金は月別に集計。
米国でのドル収入は年間の合計をその年の為替レートで円貨に換算

先にも述べたように、この三月におこなわれた講演会に集まった人々を中心として、GAHT支援者グループを結成した。約五〇〇名のグループである。

支援者には、ニュースをメールで発信したり、ホームページの案内などを送信してGAHTの活動を知らせたりしてきたが、寄付金額は時が経つにつれて減少し、同年の一一月には二〇万円を切った。

しかし、控訴裁判所への控訴とカリフォルニア州の裁判所にも提訴したことなどを宣伝した二〇一五年の初頭には、毎月一〇〇万円から二〇〇万円に伸び、さらに、新聞広告で我々は頑張っているということを報告した五月には、二七〇〇万円に達した。そしてその年の後半には、月一〇〇〇万円の水準となった。

三年目の二〇一六年は、変動の多い年であった。裁判の動きを知らせると寄付金は上昇し、そうでなければ低迷する。連邦控訴裁判所から却下されて再審査を請求するという、激しい闘いをしていた時期には、月四〇〇万円の水準の寄付金があった。誠にありがたいことである。

米国連邦裁判所に申請書を出した二〇一七年一月には、三三〇万円もの額をちょうだいした。我々の行動を、それほどまでに注視してくれている方が多いということに、意を強くした。

米国でのドルによる寄付金は、初年の二〇一四年には、日本における円貨寄付金の七パーセントであったが、二年目には一七パーセントに上昇し、三年目には二六パーセントに達した。四年目も同様であった。在米日本人の関心が高まった結果である。

日本と米国の額を合計すると、初年の二〇一四年は最高で年七八〇〇万円ほどであり、約一万人の方々から拠出をいただいた。二年目には五二〇〇万円余となり、三年目には三〇〇〇万円近く、四年目には一一〇〇万円余であった。

ある支持者からは、毎月定額を几帳面に送金していただいた。ある方には、一度に一〇〇〇万円を投じていただいた。

支援をしていただいたすべての方に、改めてここで篤く御礼を申し上げます。

裁判は終わっても、我々の活動は終わりません。今後も日本の名誉を守るために、活動を続ける所存です。引き続き、ご支援をいただきたいと存じます。

裁判費用の精算

裁判にはお金がかかる。特に、アメリカでは弁護士の費用が高い。信頼度の高い弁護士は、使用した時間当たりの料金を請求する。交通事故など、頻発するケースについては料金はそれほど高くないが、米国憲法を問題にするような今回の裁判では、その方面に詳しい弁護士を選択する必要性があり、このような弁護士は、通常一時間あたり六〇〇ドルか

〔表B〕 裁判費用積算

項目	2014	2015	2016	2017	合計
給料	12,800	13,600	5,400	0	
弁護士	411,608	663,026	460,865	199,791	1,735,290
会計(70%)	3,397	3,522	2,959	2,250	
広報(80%)	6,740	7,161	2,466	0	
旅費(80%)	13,761	8,257	13,904	3,575	
会議(50%)	5,673	7,189	52	729	
事務所賃料	9,691	8,357	7,851	420	
事務費用	4,490	3,120	1,906	3,245	
諸税(90%)	1,904	1,555	379	54	
通信(90%)	654	909	887	111	
他費用(90%)	615	4,435	3,810	157	
合計(ドル表示)	471,333	721,131	500,479	210,333	1,903,276
円貨表示	49,933,018	87,285,696	54,447,110	23,576,226	215,242,050
対ドル円	105.94	121.04	108.79	112.09	

（単位：ドル）

ら九〇〇ドルの料金を要求する。弁護士が仕事をした日には、実行した仕事の内容と費やした時間数（一五分単位）とを列記した請求書を送付してくる。しかも仕事を契約した時点で、向こう二カ月くらいにかかるであろうと予想される金額を預けておく必要がある。

「表B」は、この四年間で裁判に要した費用を積算したものである。

なお、ここで、GAHTの会計方針についても説明しておく。この機関は寄付金に依存している団体なので、厳しく支出を規制している。出張における航空機使用の場合は、エコノミー・クラスしか認めない。宿泊費は認めるが、飲食費は一切認めない。出張の際の食費は自己負担である。

ＧＡＨＴは裁判のほかにも、日本についての正しい知識を広め、日本の名誉を保つことを目的としているので、この裁判以外にも広報活動をおこなっている。したがって、組織として払ったすべての費用を裁判の費用とはしていないが、この四年間についてみれば裁判が主要な活動であったので、弁護士以外の費用でも、かなりの比率が裁判のために使われた。

例えば旅費であるが、ＧＡＨＴ-ＵＳの本部から日本に行った場合の旅費は、日本の人たちに裁判の現況を報告することと、資金協力をお願いするのが目的であったので、裁判費用と考えられる。

一方、スイス・ジュネーブの国連人権理事会への出席は、より広く日本人や日本国を理解してもらうためのものであるので、裁判費用からは除外した。

ここでは、個別の費用を積算するのではなく、適切であると思われるパーセントを使って振り分けてある。その結果、裁判費用の合計は一九〇〇万ドルであり、円貨に換算すると二億一五〇〇万円となる。

この額を、先ほどの「表A」の寄付金収入と比較すると、約四〇〇〇万円の不足であることが判明する。

この不足分は、裁判だけを見た時のものであるので、GAHT全体の活動を考えると、不足分はさらに大きい。その部分は、私個人からのGAHT-USへの融資という形で処理してある。二〇一七年末の融資の残高は、一五万ドルを寄付金とした後で、五五万ドルの融資となっている。

この裁判を始めるにあたり、私個人の資産供与を当初は五〇〇〇万円と見積もって戦ってきたが、アンタイ・スラップの罰金などがかさみ、それでも足りず、不動産を処分して、不足額に充てた。

第七章

裁判から得られたもの

プロジェクトの検証

すべての主要な意思決定については、それに費やした努力がそれに見合う効果を上げたかどうかを検証する必要がある。我々の場合も例外ではない。

このプロジェクトは、二億円近くの寄付金と、役員からの借り入れを使っておこなわれた。民間ベースではあるが、最終的には政府が直接に関与した準国家的なプロジェクトであるので、国家的な観点から、費用便益の分析をしてみよう。

裁判の費用について

裁判の費用を厳密に計測することは不可能である。GAHTの活動は、この裁判以外にも歴史の真実を世界に伝える役割があり、そのために各種の活動をしている。

それらの活動は、裁判関係の活動を含めて報酬を受けない形でおこなっているので、費用には算入していない。

裁判から得られたもの

この裁判から得られたものは、金額に換算するのは困難なものばかりである。それらを、以下に示したような項目に分類して、説明してみたい。

①日本国民の覚睡と共感

アメリカで慰安婦像の撤去に向けて裁判を起こしたことは、日本人に大きなインパクトを与えた。二〇一四年三月一一日の衆議院会館での参加者の熱狂ぶり、そして、提訴直後の寄付金の殺到は、日本の人々がこの裁判についてどのように感じたかをよく物語っている。

それまでは、韓国側のやりたい放題であった慰安婦攻勢に対して、まったく反応を示さなかった日本政府の対応に、深い失望と焦りを感じていたことであろう。そこに、突如その韓国側に対する裁判が始まったのである。しかも、それは民間の団体によって開始された。その成果は必ずしも見通せなかったであろうが、人々は期待したのである。これらの好ましい変化を、いくつかに分けて記述する。

①-1　国民の覚睡

日本の人々はそれまで、あまりにも受動的であった。個人個人が全体の流れの中で受動的に反応し、個人個人で新しいものを切り開いてゆこうという風潮がほとんど見られなかった。

しかし、この裁判を始めることによって、たとえ個人や小さな団体でも国民にかかってくる大きな問題に対抗することができるのである、という認識を得たと思う。すなわち、国民の覚睡である。この認識が、我々の運動に多くの方が熱狂的に支援をしてくださった理由である。

さらにこの覚睡には、日本人の愛国心への目覚めもある。それまでは、どのようにして国を愛していけばよいかが分からなかった人も、このような運動をすれば、日本の名誉を守り、日本を愛することができるのだと認識したと感じる。

そして、日本国や日本人の名誉を守ること自体に対して、認識を新たにし、それに強い共感を持った人が多かったと思う。

①-2 有言実行

日本人には、ややもすると、意見は述べるが自分で実行はしないという傾向がある。しかし今回、日本人が慰安婦像設置に反対し、その意思を公的な場で表明しただけでなく、実際に撤去を試みたことで、有言実行を国際社会に示した。すなわち、日本人の反対声明は、犬の遠吠えだけではない、ということである。

この影響は、実は甚大であると考えられる。なぜなら、今まで日本人は、意見は表明することもあるが、それを実現するための努力は、あまりしてこなかったからである。

例えば、北朝鮮に誘拐された人たちを取り返したいという希望は、さかんに表明されたが、その運動は実質的な行動にはつながらなかった。これは慰安婦問題にしても同様である。これまでは、韓国から攻められれば、まず謝罪して、様子を見るという対応であった。

かつて「ノーと言える日本人」が話題を呼んだが、実際に「ノーと言った日本人」があっただろうか。尖閣諸島は日本領であると言うが、そこに上陸することはできないのである。

このような「有言不実行」を「有言実行」に変えた。この転換によって、日本人の可能性は無限大に飛翔したのである。

①-3 アメリカへの宗主国意識の解除

もう一つの要因は、それがアメリカでおこなわれた、ということである。アメリカに対して多くの人は、ある種のあこがれとともに、日本を指揮・支配する、一段上に位置する国であると認識している。

アメリカには、近年でもさまざまな要求を突き付けられており、日本は黙々とそれに従って政策の変更をしてきているのである。最近では、TPPをアメリカが発案し、日本はしぶしぶそれに参加することにした（しかし、トランプ政権になって、言い出しっぺのアメリカが撤退した）。

その、宗主国とも称すべき国に対して、訴訟を起こしたのである。もちろん国に対しての訴訟ではなく、一つの地方自治体に対するものではあったが、そのようなことをすることは、一般の日本人にとって、意外なことであると受け取られたようである。

しかも、それは日米の主従関係を覆すものであると取られたのかもしれない。だからこそ、日本の人々は歓迎した。日本とアメリカは対等である、という意識が出てきたのである。

日本の人々は、自分たちにもこのようなことができる、ということに新鮮さを感じて、我々を支援することにしたのであろう。もちろんそれは、慰安婦問題についての日本人の不満を表現するものでもあったからである。

①-4 民間の機動力

この訴訟では、「民間の個人や団体でも何らかの行動を起こすことができる」ということを示したところに、この裁判の果たした役割があると我々は解釈している。これは、日本人に対する大きなメッセージであった。この動きが、例えばその直後に起きたオーストラリアでの慰安婦像設置反対運動につながったとも言えよう。

裁判を始めた当事者としては、もともとそのような意向はまったくなく、単に慰安婦問題が誤解されて、アメリカの諸都市に像が建てられるのは日本人の名誉を棄損するものであり、何としても除去しなければならない、と感じたために起こしただけなのであるが、いま振り返ると、胎動していた日本人の心に自分たちが火をつける役割を果たしたという気がしないでもない。

②米国における慰安婦像の設置に対する抑止力

この訴訟が始まったころには、韓国系の団体は、米国内に近いうちに二〇の慰安婦像を建立すると宣言していた。グレンデールの像は、その最初である。しかし、裁判が始まったために、かなりの都市が計画を放棄ないし延期したことが分かった。

具体的には、カリフォルニアのフラトン市の例がある。そこでは、二〇一五年に慰安婦像設置の計画が市議会で承認され、市の博物館内に設置されることになっていたが、それに関して発生する管理・保険の費用の支払いを準備していなかったために、市は断念せざるを得なかった。こうした保険の費用には、訴えられた際の裁判費用も含まれる。

事実、二〇一四年二月に裁判が始まってから二〇一七年三月に裁判が終了するまで、慰安婦像を含む慰安婦の記念碑はアメリカでは建てられなかった。この裁判は、そうした建設計画を少なくとも三年間は遅らせたのである。

ただ、二番目の慰安婦像は、裁判が終わるのを待っていたかのように、三カ月後の六月に、ジョージア州アトランタ郊外のブルックヘブンに建てられた。近郊に住む日本人が立ち上がり、市長に談判し、公聴会で反対意見を述べたにもかかわらず、である。

そして、三番目の像は、同年一〇月にサンフランシスコの公有地に、民有地からの寄贈という形で建てられ、その後、市に寄贈された。

しかし、米国の市町村に慰安婦像を建てると訴訟される危険性がある、ということが周知されたことにより、設置を考える人たちに重大な警告を与えた。少なくとももこの裁判によって、公的な土地への慰安婦像設置を三年間保留・断念させたことは事実である。

しかも、この裁判によって、慰安婦像設置の費用がかなり高く認識されるようになったので、例えば、サンフランシスコ市での設置には、承認から建立までに二年の年月を要している。なぜなら寄贈者は、慰安婦像の費用以外に、二〇年間の維持管理費を市に寄贈しなければならなかったからである。

③日本政府の政策転換

すでに何度か述べたように、慰安婦問題に対する日本政府の対応は当初、皆無であった。むしろ、問題を隠蔽することに努力を払っていた。

「これは外交問題でも、国際問題でもない」と日本政府に告げられたことは前にも述べた。彼らの態度は、「この問題は話し合いで解決できることであり、裁判という手段を取ることは、ことを荒立てるだけであり、かえって日本の国益に反する」と言わんばかりであった。

だが、この日本政府の見解が変わったのである。

日本政府が密かに、我々には知らせずに、中曽根弘文代議士をはじめとする調査団をロサンゼルスに送り、我々とは反対の立場をとる日本人に会い、堀之内秀久総領事と林和俊領事に相談したのは、二〇一五年の秋であった。その後、一二月二八日に突如として、ソウルであの日韓合意がおこなわれたのである。

当時の岸田文雄外務大臣が韓国の尹炳世《ユン・ビョンセ》外交部長官と記者会見し、長く続いた慰安婦問題は、これで最終的・不可逆的に解決し、日本は今まで起こったことに遺憾の意を表明し、韓国が作る慰安婦のための財団に一〇億円の拠出をし、韓国はその寄付金を受けて元慰安婦の生活を楽にするように使い、今後この件に関して日本を責めることをしない、ということを約束した。さらに、両国は国際社会でお互いを非難したり批判したりしない、とする合意ができたのである。

合意の内容について批判することはできるが、この合意は、両国における慰安婦問題について最終的に解決し、両国関係をさらに前進させようとするものであった。

安倍首相は朴槿恵《バク・クネ》大統領に電話して、この合意を確認した。合意は書面にはされなかったが、両国の外務大臣が記者団の前で発表し、テレビで日韓両国の国民に向けて放映されたのである。

これによって、外務省が我々に向かってそれまで主張してきた、この問題は「外交問題でも、国際問題でもない」とする日本政府の立場は、明白に否定された。問題がないどころか、実はそれは、日韓の間に横たわる最重要課題であった、ということが明白になったのである。

しかし、二〇一六年末には、韓国の第二の都市、釜山の日本総領事館前に、民間団体によって慰安婦像が建てられた。明らかな二〇一五年の日韓合意違反である。これに対し、日本政府は遺憾の意を表明して、駐韓大使と釜山の総領事を日本に一時帰国させた。明確な日本政府の抗議である。

こうした日本政府の積極政策は、米国でも示された。二〇一七年の初頭に、ジョージア州のアトランタにある公民権・人権センターが、慰安婦像の建立計画を発表した。それに対して、ただちに日本の民間人と総領事館が反対運動を始めた。それが功を奏して、同センターは計画の中止を二月に発表した。米国での慰安婦像設置の運動に対して、総領事館がより積極的に動くようになったのである。

このような背景のもとに、二〇一七年の二月、外務省はこの裁判が米国の最高裁判所への上告となった機会をとらえて、この裁判の原告であり最高裁判所への申請人である「目良浩一とGAHT‐US」を支援するためのアミカス・キュリエを、ワシントンDCの弁護士事務所に依頼して作成させたのである。

その内容は先にも触れたが、それまでの米国での裁判の多数の判例に鑑《かんが》み、グレンデール市の行為は米国の憲法に違反すると判断すべきであり、慰安婦については、それより約一年前に当時の杉山晋輔審議官が国連で述べたように、強制連行はなく、彼女らは性奴隷ではなく、その数も二〇万人もいなかったと明確に主張しており、慰安婦についての日本政府の立場を再確認するものであった。

このように、二〇一五年の末あたりから日本政府の慰安婦問題に関する政策の転換が見られたことを、すべてこの裁判によるものとは断言できないが、この裁判が何らかの影響を与えたということは、間違いないであろう。

二〇一四年の二月に開始した裁判に対して、政府が注視していたことは明らかで、政府はそれまで固持していた立場を守りきれないことを悟り、二〇一五年末の日韓合意に踏み切ったのではないか。

それは、正面きってこの問題に取り組み、解決しようとする態度である。そして、この裁判に対しても、同じ態度で臨むことになったのである。

繰り返すが、この裁判が、国際社会の公的な場で初めて日本人が慰安婦性奴隷説に「ノー」を表明しただけでなく、その主張を司法の場で**実行したこと**が、日本政府の政策転換に貢献したということは否定できないし、おそらく間違いないだろうと思っている。

④官民一体の意思表明

この裁判では、最初から官民一体で対処することを意図したわけではなかったが、民間が先行することで官がそれに追いつき、結果的には、官民一体でおこなうことになった。それはつまり、日本人が国際的な場で、初めて**官民一体**で、「性奴隷慰安婦像」に「ノー」を表明したわけである。

これによって性奴隷肯定派は、国際社会で性奴隷説が「日本人の総意」であるという嘘をつけなくなったし、政府vs民間という対立した構図で主張することもできなくなった。この官民の一体性は、今後の活動に対して強力な武器になる。

⑤アメリカ人へのインパクト

この裁判が、どの程度アメリカ人の慰安婦に対する考えに影響を与えたかについては、一概には言えない。すでに述べたように、州裁判所の判事は明らかに日本軍は悪事を働いたと信じていたし、連邦裁判所の判事は明言こそしなかったが、おそらく同じ考えであっただろう。

また、この裁判を報道したロサンゼルス・タイムスをはじめとする記者たちの態度も、変化したとは言えない。例えば、二〇一七年秋のサンフランシスコ・クロニクル紙の同市における慰安婦像の新設に関する報道にしても、同じように日本軍の悪事を糾弾しているからである。

このことは、アメリカにおける慰安婦関係の最近の報道の乏しさを反映している。二〇〇七年の下院の決議以降、まともな報道がされていないのである。前述の通り、私は二〇一五年に『慰安婦は性奴隷でない』とする本を英語で出版したが、ほとんど読まれておらず、産経新聞の英語版なども、ごくわずかな人に読まれているだけである。今後ますます、積極的な、英文による正しい知識の普及が望まれる。

ウォール・ストリート・ジャーナルでさえも、時おり慰安婦性奴隷的な記事を掲載するが、それの電子版にコメントすると、かなり知識を持った人々からの反論が出てくる。このような地道なプロセスが、アメリカ人の認識を変えてゆく手順になる。

⑥世界への影響

世界への影響は、アメリカへの影響と同じである。我々は二〇一四年から国連の人権関係の理事会・委員会に行き、慰安婦問題に関して日本政府を糾弾している国連の人々に、正しい知識を与えるように努力をしている。

人権理事会では二〇一七年末までに、七名の者が、慰安婦は強制連行されたものではないこと、性奴隷ではなかったこと、二〇万人とは誤解に基づくものであることなどを述べ、同様のことを人権関係委員会の各種会合でも述べている。現在では、慰安婦性奴隷説に異論があることが認識されてきたようである。したがって、今後も国連でのより効果的な活動が望まれる。

　また、国連についての一つの注目すべき成果は、ユネスコの記憶遺産に関する最近の出来事である。

　中国と韓国の団体が主導する「日本軍『慰安婦』の声」が、二〇一六年に「世界の記憶遺産」に申請された。それと同時に、日米の四つの団体が「慰安婦と日本軍の規律に関する文書」という表題のもとに、記憶遺産の申請をした。前者は性奴隷説に基づいたものであり、後者は慰安婦は風俗業に携わっていた女性であるとするもので、お互いに相容《い》れない主張である。

　この二つの異なった申請に対して、ユネスコは、一方を認めるのではなく、両者が対話をおこない、できれば共同申請をしてほしいという決定を、二〇一七年一〇月末におこなった。このことは、ユネスコが政治的な圧力に押された結果であるとも言えるが、慰安婦風俗業説の意見が、ある程度認められたと考えることもできる。

　ここで、第一章で述べた「日本再生研究会」が、その米国側団体として申請者の一人に加わって歴史戦に貢献していることは、とても嬉しいことである。

⑦ＧＡＨＴへの信頼

この裁判を通じて、ＧＡＨＴは前面に立って戦った。ＧＡＨＴの名前で募金を集め、協力を求めた。ＧＡＨＴに対しては、裁判を始めたころには、ロサンゼルスの日本人の間でも、好感を持たなかった人がいたことは事実である。彼らは、ＧＡＨＴが少数の人間によって動いていることに反感を感じていたようである。

しかし、ＧＡＨＴは当初に掲げた目的に向かってまっしぐらに突き進んだ。米国最高裁判所まで巻き込んで、慰安婦像の撤去を求めた。寄付金の不足分は、私が補完した。これらの努力によって、この若い非政府機関は、日本の保守陣営ではかなりの信頼を得てきたと考えている。

これらの好ましい影響について便益を計算することは、大変難しいことである。しかし、次に挙げる二つの日本の将来についてのシナリオを比較してもらいたい。

一つは、現在の慰安婦性奴隷説が将来にわたり蔓延し、将来の日本人は邪悪な人種の子孫として扱われ、生涯不満に満ちた生活を余儀なくされる、という日本人の将来である。もう一つは、日本人が覚睡して、官民一体となって性奴隷説と戦い、それを駆逐した場合の、将来の日本人の誇らしい生活である。

後者のシナリオを達成するためには、おそらく多くの人が、現在の生活費をある程度なら犠牲にしてもよいと思うであろう。現在の日本国のGDPは約五〇〇兆円であるから、例えばその二パーセントを、国家の名誉保持のために使ってもよいと思うかもしれない。この場合、GDPの二パーセントとは一〇兆円である。

このような金額と比較すれば、GAHTが一年間に費やした約七千万円の費用は問題にならないほどに小さい。個人や小規模NGOにとっては大きな負担であったが、国家としては、取るに足りない費用である。

先に挙げたような国家的な各種便益と比較すれば、この裁判は、国家的には十分に好ましいプロジェクトであったと言えるだろう。

第八章

日本政府の慰安婦問題への対処

二〇一五年の日韓合意

前述したように、この裁判を始めてから、総領事館などを通して日本政府に協力を依頼してきたが、何らの積極的な対応はなかった。

我々は政府に、書面による支援を依頼した。たとえ一枚の手紙でもよいから、裁判所に、政府は関心を持っている、原告の立場を支援する、という趣旨の書類を出してくれるだけでよかったのである。

しかし、総領事館は、いろいろな理由を見つけて、依頼を断ってきた。しかし、情報は求めているようであった。二〇一四年の夏に着任した総領事は、わざわざ拙邸に来訪して情報を収集した。だが、少なくとも総領事館としては、この裁判に対して何の行動もとらない方針のようであった。

しかし、いくつか水面下での動きはあった。一つは、ロサンゼルスの大学で教えている日本人の教授で、グレンデール市の当時の市長であったナジャリアン氏の知己であるという人が、「実のところ市としては、この記念碑は重荷になっているので、何らかの理由をつけて除去したい」と市長が漏らしたのを契機に、日本側と韓国側が一堂に会して話し合い、その結果として記念碑を除去する、という提案をしてきたのである。

その教授は、裁判の当事者である私に、そのようなことをしても構いませんかと事前に相談してきた。私は「まったく問題はありません。進めてください」と回答した。

この提案は、外務省に投げかけられて、総領事館が市と掛け合って、やっとナジャリアン市長の任期が切れる直前に日本側の体制が整い、韓国側に、総領事と、しかるべき専門家の出席を依頼した。

しかし、韓国側からの、総領事が多忙のために出席できないという理由で、この調停工作は挫折してしまった。このとき、提案から始まって、総領事館から韓国側への打診までに、一年以上の年月がかかっている。ナジャリアン市長はこの話し合いを続けるように次の市長に申し伝えたようであるが、その後に着任した市長からは、そうした話は出てきていない。

他にもう一つの動きがあった。前にも少し触れたが、二〇一五年一一月に、自民党の「日本の名誉と信頼を回復するための特命委員会」委員長の参議院議員、中曽根弘文氏を団長とする政治家グループがロサンゼルスを訪れ、総領事の案内でグレンデール市を訪問したようである。

そのことを知ったのは、この裁判に批判的な在カリフォルニアの日本人がフェイスブックに書き込んでいた記事を見つけたからである。

彼らの来訪については、裁判に直接関係している者への知らせは、まったくなかった。このため、彼らが何を目的としていたのかは、不明である。

その直後の二〇一五年一二月二八日に、韓国首都のソウル市で、日韓合意が発表された。日韓共同記者会見で、岸田外務大臣と尹外交部長官が、以下の声明を発表した。(要約)

岸田外務大臣：

1．安倍内閣総理大臣は、改めて、慰安婦としてあまたの苦痛を経験されて、心身にわたり癒しがたい傷を負われたすべての方々に対し、こころからお詫びと反省の気持ちを表明します。

2．日本政府は、その予算により、すべての元慰安婦の方々の心の傷を癒すために、韓国政府がそのために設立する財団に一〇億円を拠出する。

3．上記の措置を実施するとの前提で、今回の発表により、この問題が最終的かつ不可逆的に解決されることを確認する。あわせて韓国政府と共に、今後、国連、国際社会において、本問題について、互いに非難・批判することを控える。

韓国の尹外交部長官：

1．このたび日本政府が表明した措置が着実に実施されるとの前提で、慰安婦問題が最終的かつ不可逆的に解決されることを確認する。

2．韓国政府は、在韓国日本大使館前の少女像に対し、韓国政府として可能な対応方法により、関連団体との協議などを通じて、適切に解決されるよう努力する。

3．日本政府が表明した措置が着実に実施されるとの前提で、韓国政府は今後、国連など国際社会において、本問題に対する相互非難、批判を自制する。

この共同記者会見による日韓合意の発表は、意表を突いたものであった。そして、それは、米国のオバマ大統領が両国に早期にこの問題を解決するように催促した結果である、ということも報道された。それもあって、合意が発表された直後に、アメリカのケリー国務長官は、両国の指導者の勇気と決断力を称賛した。

左から岸田外務大臣、ケリー国務長官、尹外交部長官（当時）

私は、これで、日韓の長期にわたる懸案事項が解決できるのだろうかと考えてみた。今まで努力してきたグレンデール市の裁判は無駄になるのか、この合意は海外の慰安婦像建立にも適合されるのか、などである。

しかし、すぐにこの合意には、いくつかの深刻な問題が残されているということが判明した。

①この合意は、共同記者会見でテレビを通じて世界中に報道されたが、両外務大臣の署名がある文書はなく、法的な拘束力に問題がある。

②韓国は、在韓日本大使館前の慰安婦像に関しても、撤去の「努力」を約束しただけで、撤去自体を約束したものではない。

③日本政府は、一〇億円を予算から拠出することを約束しているが、それは、日本政府が罪を認めたと諸外国からは解釈される、残念な決定である。

④この合意は、両政府の行動を規制するものであるが、民間活動を規制するものではない。したがって、例えば米国内における韓国系団体の慰安婦建立活動を制限するものではない。

⑤最後に、韓国は政権が代わるたびに、前政権の対外的な約束を無視することが頻発しているので、この合意の有効性には疑問が残る。

右記のうち、④のポイントが我々の裁判には重要であった。この慰安婦像を建立したのは、ＫＡＦＣと称する、韓国系ではあるが民間の団体であり、政府の支配下にはないのである。実際、この合意が発表された直後にＫＡＦＣは、そのホームページに、この合意によって彼らの方針が変わることはない、と表明していた。

日本政府の意見書の効果

先にも述べた通り、日本政府は我々の裁判の最終段階において、アミカス・キュリエと称する第三者意見書を米国連邦最高裁判所に提出した。二〇一七年二月のことである。民間団体が始めた裁判に政府が意見書を出すのは、極めて異例である。次に、このことについて考えてみる。

日本政府としてみれば、民間の起こした裁判に対して、いちいち関与するわけにはいかない。関与するためには、それだけの理由が必要である。だが、この場合には、その条件が満たされたのである。

まず第一に、訴訟の目的が個人の利害に関するものではなく、日本人全体に関するものであった。この裁判によって原告が個人的に得るものは皆無であり、要求していたものは、単に慰安婦の像と碑文を公園から除去することであった。すべては**日本人全体の名誉のため**である、ということを、政府が認定したわけである。

第二には、このような訴訟は、誰にでもできるものではない。なぜなら、多額の寄付金を受領し、また、個人的にも巨額の費用負担を覚悟しての訴訟であるからだ。

この二つの条件が整ったことで、政府はこの訴訟を支援してもよいと判断したのであろう。そのような判断のもとにアミカス・キュリエを提出したのは、賢明な判断であった。

しかし、米国連邦最高裁判所の段階になって決意をしたというタイミングについては、どうであろうか。そこには、政府のかなりの読み違えがあったと思う。または、政府としては、我々の真剣度を測っていたのかもしれない。あるいは、最高裁に出したことで、政治的に政府が介入する根拠となったのかもしれない。

米国の連邦裁判のシステムにおいて、最高裁判所は本当に究極の法的判断の場所である。大多数の案件は控訴裁判所の段階で決まるからである。もし、日本政府が控訴裁判所の段階で意見書を出していたら、物事はかなり違った展開を示していたであろう。

日本政府としては、原告がどの程度の真剣さを持っているかを見極めたかったのかもしれないが、しかし最高裁では遅すぎたのである。最高裁は、非常に限られたケースの案件しか採択されない。最高裁判所に申請される案件の九九パーセントは、最高裁での審査を受けることなく、葬り去られるのである。

国家として重要な案件であれば採択されるが、今回の場合には採択されなかった。日本政府が自ら考えるこの件の重要性と、米国の最高裁判所が考えるこの件の重要性とに、かなりの落差があったとも考えられる。米国にとっては、やはりアジアの重要性は低いのである。政治家にとっては別であるかもしれないが、最高裁の判事にとっては、日韓関係は国家的な重要案件とは見られなかったのである。

政府が提出した意見書の内容については、我々はまったく文句がない。裁判の内容をよく調べて、よく書かれた意見書であった。我々は、意見書を著述した弁護士にも、それに指示を与えた外務省の役人にも、深く敬意を払う。立派な意見書を完成してくれた。

しかし、それだけの意見書を却下した連邦最高裁判所の見解には、やはり問題がある。いかにこの件が、控訴審で全判事が一致して決められた案件であるといえども、東アジアの緊密な同盟国の政府が提出した意見書である。もう少し、まじめな取り扱いが望まれる。

例えば、同じ意見書をフランスが提出したらどうか。おそらく最高裁は採択するのではないだろうか。それほどまでに日本国は軽視されているのである。政府はそのことをわきまえて、意思決定をする必要がある。すなわち、もっと早い時期に意見書を提出すべきであったのだ。

日本政府の意見書の内容

日本政府によるこの「意見書」は、米国の首都ワシントンのホーガン・ラブルス弁護士事務所に所属する弁護士に外務省が依頼して作成されたもので、二〇一七年二月二二日に米国連邦最高裁判所に提出された。

表紙には明瞭に、申請者である「目良浩一とGAHT - US社を支援する」ものであると記されている。そして、その序文では、合衆国連邦政府は日韓間の争いに公平で友好的な解決がなされることを希望しているが、グレンデール市が記念碑を建てたことで、この外交努力を混乱させる危険性がある、と述べている。

さらに、日本と韓国は米国の同盟国であり、この問題については外交ルートを通じて二国間で話し合いを促していたこと。その結果、二〇一五年の末に合意ができて、ケリー国務長官もその合意を称賛していたこと。グレンデール市の行為は、この連邦政府の方針と異なるということを明言している。

そして意見書は、外交に関しては連邦政府が独占権を持っているということがすでに確立された米国の制度であることを、オレゴン州遺言書内容確定法、マサチューセッツ・ビルマ法、カリフォルニア州のガラメンディ対アメリカ保険組合などの判例を挙げて論証している。

そして、第九巡回区控訴裁判所が、外交は連邦政府が占有権を持っているが、グレンデール市の今回の行動はその意思を「表明する」だけで、人の行動を直接には拘束しないので、連邦政府の「独占権」を侵害するものではないとする「例外」を作り出したことに対して、そのような判例は今までにないこと、「言論の自由」は個人には与えられているが、州や市には与えられていないので、「例外」を認める根拠はない、ということを述べた。

最後に、日韓の関係は壊れやすく、米国がそれに関して矛盾した見解を表明することによって、混乱が起こりうること。グレンデールの記念碑に記載された歴史上の記述には、正確さを欠く部分があること。日本政府の調査結果は、二〇一六年二月に杉山審議官がジュネーブで明瞭に発表した通りであること。日本と韓国の間の個人に関する請求権も一九六五年の二国間協定で対処してあるし、それは二〇一五年の合意でも再確認されたこと。以上のことが明記された。

さらに、日本政府はこの合意を誠実に実施していると述べつつ、重要なことは、連邦政府がおこなおうとしている外交政策の決定を、州とかグレンデールのような地方自治体がそれに参入して混乱させることがないようにすることが、日本にとっては極めて重要なのである、と論じて、この案件は最高裁判所が採択すべきである、と結論づけている。

この意見書は、わずか英文一一ページの書類であるが、日本政府の立場とこの裁判の性格を、よく述べている。ちなみに、私たちＧＡＨＴは、この立派な日本政府の英文アミカス・キュリエに日本語訳を付して、小冊子にした。なぜなら、この内容を多くの人々に読んでもらいたいからである。

日本政府の今後の対応

二〇一五年末に日韓合意があったにもかかわらず、二〇一六年末には、釜山の日本総領事館の前に慰安婦像が建てられた。日本政府はその撤去を要求したが、撤去されることがなかったので、在韓日本国大使と釜山の日本総領事を二〇一七年初頭に本国に送還して、韓国に圧力をかけた。

続いて二月には、我々の裁判に対して意見書を提出した。

このように、日本政府の慰安婦問題に関する動きが活発化しているのが分かる。非常に好ましいことである。これらの経験を積んで、今後ますます積極策を講じてくれることを期待している。

第九章

裁判を終えて

アメリカに正義はあるのか

日本では一般に、アメリカは正義の国と言われている。法に違反する者は、法廷で罰せられる。法は正当に実施され、悪人は罰せられる。そのために弁護士が多数いて、法の執行を助けている、といったことが通説になっている。

それに対して、日本では、悪事を働いても、関係した企業や親分がマァマァとなだめて弱者を沈黙させ、ことを荒立てない。一見すると社会は平穏であるが、権力のないものが不当な苦しみを味わう、といった構図と言われる。

そうした日本社会と比較して、アメリカは、弱者といえども裁判に訴えて権利が主張でき、正義が達成される理想的な国、というイメージなのである。我々の裁判は、このような理想化されたアメリカのイメージを検証することにもなった。

では、この裁判によって、米国は正義の国であるということが証明されたであろうか。

答えは「否《いな》」である。

しかし、このことに関しては、かなりの説明を要する。何が正義で、何が非正義であるかを、まず明らかにしてみることにしよう。

いずれの国にも法律がある。米国の場合には、連邦国家としての連邦政府の法律がある。そして、それぞれの州には州の法律があり、市町村にもその法律がある。それらの法律に違反した個人や団体が、法律に従って罰を受けるのが正義である。

今回のような、我々が起こした民事訴訟の場合には、損害を被った側が原告となって、損害を与えた側を訴訟するのである。問題は、法律に違反したかどうかを判定することであり、それが判事の役目である。

今回の連邦裁判所の裁判においては、我々の訴因は一つであった。「市がこのような記念碑を建てて米国連邦政府の外交政策に介入することは、米国の憲法に違反する」ということである。そして、このような訴訟は、今まで米国に前例がなく、初めてのテストケースであった。

第一審で判事は、この複雑な問題を回避するために、原告の要求を却下し、原告が訴訟をする資格がないとして、門前払いをした。

だが、連邦の控訴審では原告の資格は認められた。第一審の判事の決定は覆されたのである。しかし、記念碑の設置のような直接的に人の行動を制約しない行為は、憲法に定める連邦政府の外交における独占権を侵害するものではないと判断されて、我々の訴えは棄却された。

控訴裁判所が、連邦政府の独占権に、このような「例外事項」を作り上げたのである。その判断が法の精神に沿ったものであるかどうかは、判事の判断によるものである。

州が法律によって連邦政府の行動を規制することに対して、今まで連邦裁判所は、厳しく州の法律を覆している。今回の場合は、州ではなく市の行動が問題であり、法律ではなく、記念碑の設立によって市が意見を表明しているのである。しかもその意見として、日本政府が人権侵害の罪を犯したことと、日本政府がそれに対して謝罪する必要があることが、花崗岩のプレートに刻まれているのである。さらに、この問題は、米国とは直接に関係がなく、関係二カ国が係争中のものである。

このような外交上の重大な問題に、意見表明が許されるべきであろうか。第九巡回区控訴裁判所の三人の判事は、それは、許される「言論の自由」の範囲内であると判断した。

しかし、異なる判断も可能であったと思われる。判事は、彼らの限られた常識の範囲内で判断を下すのである。つまりここでも、二〇〇七年の米国下院の日本非難決議が、影響を与えていたと思われる。

この控訴裁判所は、リベラルの傾向が強いと言われるサンフランシスコに本部を置く裁判所であり、この地域は以前から、日本人に対して差別的な意識の強いところでもある。もしもこの裁判が、保守的な傾向の強いアメリカ中部でおこなわれていたとしたら、おそらく結果は異なっていたであろう。

カリフォルニア州の裁判所では、もっと過酷な扱いを受けた。第一審では、判決文案が「日本軍が人権侵害の罪悪を犯したことは明白である」という言葉で始まり、明らかに悪人を擁護するような輩は悪人に決まっている、というような判事の感情が表明されて、我々の訴えは棄却された。法的な議論の前に、判事個人の先入観があり、それによって判決がなされたのだ。

控訴審でも同様であった。市議会が碑文を市議会で公表しなかったという落ち度に対しては、ほとんど無視された。そんな細かいことを言うな、という感じであった。

そして、この記念碑は日本人を差別しているという訴えに対しては、「みんなが日本人を嫌っているのだから、差別するのは、もっともなことである」というような議論をして、被告を弁護した。とにかく彼らは、我々の訴えを退けたいのであった。

このように、州の裁判には、正義はなかったと言えよう。裁判官には、最初からこの裁判に関してある種の偏《かたよ》りがあり、判決文は、その偏りによって書かれたと言える。

では、その偏りはどこから来たのであろうか。それには二つのことが考えられる。

一つは、アメリカ議会の下院が二〇〇七年に下した、日本非難決議一二一号である。この決議は、ほんの少数の議員の出席のもとに可決されたものであり、上院では審議もされていない案件であるが、事情を知らない米国人にとっては「国の決定」と取られていて、それに従うのが正しい行動であると考えられている。

それに加えて、韓国側が国をあげて流し続ける慰安婦性奴隷説が、人々の考えに影響を与えていることは否めない。

二つ目は、判事に対するロビー活動である。具体的に、ＫＡＦＣや抗日連合会が判事に対してどのようなロビー活動をおこなったかについては、残念ながら、まったく情報がない。だが、州の第一審裁判の判事であるリンフィールド氏が、あるパーティで妙齢の中国服を着た女性と会話をしている写真を、手に入れることができた。

さらに、このリンフィールド判事は、我々原告の許可なしに、自分でグレンデールの記念碑を視察に行っている。

判事はこのことを、二〇一五年五月の公判の時に自分で述べたのであるが、法律によると、判事がそのような視察をするときには、原告と被告の許可を事前に取らなくては、視察をすることができないことになっている。視察の際に誰が案内したのかまでは、判事は述べていないが、グレンデール市を擁護していた団体の人間が案内したことは、十分に推察できる。

さらに考えるならば、訴訟を起こした地域との関係である。カリフォルニア州は、もともとリベラルの傾向が強い。特に太平洋岸に近い都市部では顕著である。この圏域では、言論の自由はあくまでも追求されるべきであると考えられ、それを阻止することは罪悪とされる傾向がある。このような人たちは、海外からのプロパガンダを受け入れやすい。そして今回の場合には、韓国系の宣伝に乗って、日本を糾弾する側に回ったのである。

さらに重要なことは、日本政府の後押しが、最高裁判所での審判に至るまでは、まったくなかったことである。この裁判は国家が対象になった裁判であり、裁判所としては、日本国からの声明を予期していたと思われる。それがなかったことによって、判事は、零細民間団体である原告側を処しやすいと考えたのだろう。

以上のことから、「米国の裁判には、正義はあるかもしれないが、さまざまな要因で、それが妨げられることがある」という結論になる。

そのため、一般の人々の同情ないし同感を得ること、(本来ならば効果がないはずであるが)可能な限り判事たちに非公開で働きかけること、もし地域を選ぶことができれば、訴訟に同情的な地域で訴訟を起こすこと、そして関連した組織の協力を得ること、などが、訴訟を起こすにあたって重要な要素となると考えられる。

アメリカにおける正義は、そのような限られた環境のもとにのみ、現れるもののようである。

この裁判で達成したこと

第七章で詳述したように、この裁判の第一の成果は、日本人を覚睡させたことであろう。一個人や零細団体でも、日本人の名誉を傷つけることに対して、きっぱりと態度を表明できるし、米国に対しても正面から抗議できる。さらに、「有言実行」すれば、多くの日本人が支援してくれる。

毅然として目的を達成することが、あまりにも今まで回避されてきたので、こうした動きが高く評価されたのだと信じている。

さらに、この裁判をしたことによって、かなり多数の人々の、慰安婦問題に関する認識が変化したと思う。

このことは、日本人についても言えるし、アメリカ人についても言える。もっとも、日本人の場合とアメリカ人の場合とでは、認識の程度が異なるので、変化の内容も異なる。

日本人の場合には、慰安婦について漠然とした知識があった人が、より明確に、慰安婦とは日本の兵隊を相手としていた高給取りの売春婦であった、という認識を得たと思われるが、アメリカ人の場合には、今まで慰安婦とは強制連行された性奴隷であったと思っていたのが、その考えに対しては異論があるらしい、という認識の変化であろう。

だが、そうした異論があることを認識した人はまだマシな方で、多くの人にとっては、日本のほんの少数の極右国粋主義者が暴論を吐いている、という認識であったかもしれない。


日本では、かなり多数の人々から寄付金をいただいた。趣旨に賛成して頑張ってくれという意味に、我々は受け取っている。これらの方々は、我々の裁判の行方を注視しておられた。新聞の報道であるとか、我々が発信するホームページでの発信に呼応して、寄付金が送り込まれた。非常に多数の日本在住の方から寄付金をいただいたことに、もう一度ここで深く感謝の意を表明する。

もう一つの支援は、アメリカに住む、日系の女性の方々からの支援であった。米国内の方々からの支援金は、多くの場合チェック（小切手）で送られてくるので、名前と住所を特定しやすい。その名前から、かなりの支援者が、「かずこ」などの日本人の名と「スミス」などの姓を持っている、アメリカ人と結婚した日本人であることが分かった。

これまで自分がアメリカで経験したことからも分かるのだが、そのような日本人の方たちは、かなりの苦労をしてきている。結婚したけれどアメリカに来たら夫に捨てられて、一人で自活してきたとか、子供を自分ひとりで育ててきたとか、あるいは、夫婦で一緒にいる場合でも、各種の差別に苦しんだとか、日本人はいつも低姿勢で生活しているので、不満がたまるとかであった。

こうした中で、中堅都市を相手に訴訟を始めることに喝采してくださったのは、原告となったミチコ・シオタ・ギンガリーさんだけではなかったようである。そのような方々にとっては、この訴訟は留飲を下げるものであったようだ。

しかしながら、繰り返しになるが、最大の収穫は、日本政府の政策を動かしたことであった。それまでは慰安婦問題を、「外交問題」ではなく、「国際問題」でもなく、公な国家の問題ではないと言明していたのであるが、二〇一五年の末ころから、それを国家の重大な外交問題として取り上げるようになったのである。

このことは、我々だけの功績ではない。我々が訴訟を起こしたのと同じ日、二〇一四年二月二〇日に、安倍総理に「河野談話」について質問した山田宏議員の功績もあるし、そのほかにも、慰安婦問題について注意を促し、アメリカにおける慰安婦像の設置に対して強く反対運動をおこなってくださった方々の努力もあった。

これらの努力が重なって、政府の慰安婦問題に対する政策が、隠蔽から能動に変化したのであろうが、ただ、我々の裁判がインパクトを与えたということも、否定はできないであろう。その最も明確な証拠が、先も触れた、日本政府が二〇一七年二月に米国連邦最高裁判所に提出した「意見書」である。

その意見書は、明確に最高裁判所への申請者である我々を支援するものであり、内容的にも、慰安婦性奴隷説を否定するものであった。それは、グレンデール市の行為は連邦政府の外交における独占権を侵害するものであるとし、壊れやすい日韓関係を悪化させる危険性があるので、憲法違反として対処するようにと請願するものであった。その意見書で日本政府は、民間の裁判に意見書を提出することは通常はないのであるが、ことの重要性に鑑み、これを提出すると明記している。

この裁判で起動し始めた日本政府の能動的な慰安婦問題対策が、今後もさらに強化し、持続して、慰安婦問題の完全解決に導いていくことを、あらためて、切に希望する。

今後の課題

このように、慰安婦問題について一定の前進はあったものの、多くの課題が残っている。まだ、アメリカにおける慰安婦問題は片づいていないのである。

二〇一七年五月には、ジョージア州のブルックヘブン市に慰安婦像が建てられたし、サンフランシスコ市は長い経緯を経て、二〇一七年一一月二二日にエドウィン・リー市長の最終決定があり、民間で設置した慰安婦像を含む土地の寄贈を、市が正式に受領することに決まった。

今後、これらの設置された慰安婦像の除去をしなければならないし、また将来出てくるであろう同様な像の設置計画を未然に防がなくてはならない。

さらに、カリフォルニア州で決定された世界史の教育科目に「慰安婦」を入れることが二〇一六年に決まったが、そのような教育が末永く反日の感情をアメリカ人に植えつけることを考え、その除去のための対策を立てて実行に移す必要がある。教材は一度決定されると、一〇年は変更できないのである。

それと同時に、国際連合に対しての働きかけも必要である。この国際機関はさまざまな活動をおこなっているが、特に二つの機関に対して、働きかける必要がある。

第一は、人権理事会である。人権理事会では、かなり以前から慰安婦問題が取り上げられている。そこでは、韓国系や日本の左派などのロビー活動によって、日本政府が戦時中やそれ以前にも朝鮮の女性を強制連行して性奴隷としたとする説がいまだに唱えられ、日本政府との見解の相違が明らかになっている。この件についても決着をつける必要がある。

主な仕事は政府がおこなうべきであろうが、民間団体がこうした理事会に情報を与えて、彼らに意見を作成させる仕組みになっているので、我々も、適切な情報を提供する必要がある。

もう一つが、ユネスコである。中国は、二〇一五年に「南京大虐殺」を「世界の記憶遺産」に登録することに成功し、二〇一六年には、「日本軍『慰安婦』の声」を、中国を含む八カ国の団体で申請して、「世界の記憶遺産」にしようとした。

その内容は、ほとんどが、元慰安婦であると称する女性からの陳述書であり、一貫して、彼女たちが性奴隷となって苦難に満ちた生活を送ったというものになっている。

つまり彼らは、性奴隷説を世界に認めさせるために、ユネスコのお墨つきをいただこうとしたわけである。

それに対して、我々も対抗してきた。先にも触れたが、そのような申請が出されることを予期して、同じ慰安婦をテーマとして、まったく異なる内容の慰安婦に関する申請を、日米の四つの団体がしたのである。

我々は、「慰安婦と日本軍の規律に関する文書」と題して、日米の公文書館に所蔵されている文書を主体とする申請を、ユネスコに対しておこなった。日本政府は、「南京大虐殺」の件で懲《こ》りていたので、審査の透明性を主張し、意見の異なる申請が複数ある場合には、両者の対話を促すよう主張した。その結果、我々の申請と韓国・中国などの申請がともに保留となり、両者が対話をして、今後の方針を決めることとなった。

目下のところは目的達成であるが、今後さらに、厳しい試練を受けることになりそうである。

このように、残された課題は多く、厳しい試練が続くが、我々は戦いを続ける決意を持っている。そしてその戦いは、基本的には情報戦である。

慰安婦に関する新しい情報を持たないアメリカ人や国際機関の関係者に、新しい情報を与え、史実を正しく理解させるのである。

そのためには、英語で情報を発信する必要がある。前述の通り、私はすでに英文で『慰安婦は性奴隷ではない』とする図書を出版したが、他にも、それを補完する図書が必要である。現在、我々のメンバーが、もう一冊の英文図書を準備中であり、現代史家の秦郁彦氏の著書『慰安婦と戦場の性』も英訳が完了し、二〇一八年にハミルトン・ブックス社から刊行される予定になっている。

さらに必要なことは、いろいろな関連組織との連絡網を作ることである。情報をいち早く獲得し、早急に対応するためである。この点については、その性格からして時間を必要とするものであるので、まだあまり成果は上がっていないが、日々努力をしているところである。

グレンデールの裁判は終わったけれど、残された課題は多く、巨大である。

そのことをよく認識して、我々は、それらの課題の解決に向けて意志を新たにし、立ち向かってゆく決意である。

巻末資料

告訴状 抄訳
２０１４年2月20日

原告の弁護人
メイヤー・ブラウン法律事務所ロサンゼルス支所
ニール・ソルトマン
マシュウ・マルモレホ
ルース・ザディカニー
ルベッカ・ジョンズ

カリフォルニア中部地区
米国連邦地方裁判所
御中

原告　ミチコ・シオタ・ギンガリー、個人
　　　目良浩一、個人
　　　GAHT-US 社、カリフォルニア州非営利法人

対

被告　グレンデール市、自治体
　　　スコット・オチョア、市長代行人

案件番号：２：１４－ｃｖ－０１２９１
宣言と指令による救済を求める告訴

原告は以下を主張する

管轄権：（省略）

告訴の内容：　原告は被告が承諾し、「慰安婦」として知られてい

る人たちの日本国の扱いを非難した記念碑について裁判所の権限において撤去指令の宣言による救済を要求する。（以下省略）

原告と被告：（省略）

背景についての記述

グレンデールの記念碑：　２０１３年７月９日に市議会特別集会（公聴会）において中央公園に公共記念碑として設置することを承認。（記念碑の記述は省略）

慰安婦に関する歴史的論争：日本と韓国の間で論争がある事の記述。（詳細は省略）

日韓の間での論争を決着する努力：アジア女性基金、１９６５年日韓基本条約、などに関する記述。（詳細は省略）

グレンデール市による記念碑の建立：姉妹都市との関係の記述の後に、以下の記述がある。

２０１３年３月２６日、市議会は中央公園内の成人リクリエーション・センターに隣接した土地の一部を姉妹都市が記念碑などを設置できる土地として指定する決議をした。

２０１３年の春から夏にかけて中央公園に慰安婦の記念碑を設置する案が出された。その期間に、市議会はその記念碑の設置に反対する手紙や電子メールを何百通も受け取った。それらはほとんど、日本または日系の人からであった。

２０１３年７月９日に市議会において特別集会（公聴会）が開かれ「韓国の姉妹都市の平和記念碑」と称する公的記念碑を中央公園に設置する案件が審議され、承認された。この動議に関連して市議会に提出された報告書には慰安婦像の位置と概要が示されていた。この提案はオチョア氏の承認の上、特別市議会に提出された。

この記念碑の概要には現在公的記念碑に彫り込まれている文言は示されていなかった。特別集会の時に、市議であるアラ・ナジャリアンは、市の市民関係調整役のダン・ベル氏にこの記念碑には文字盤があるのかどうか、あるとすればどのような文言が入るのか質問した。ベル氏は「慰安婦の名誉を記念する」ものであると答えた。ベル氏は、最終的に記念碑に彫り込まれた文言には、まったく言及しなかった。

特別集会において日系アメリカ人を含む多数の人々がこの像の建立に公に反対し、市を糾弾した。主な議論は、この件は現在日本と韓国の間で外交的な解決が模索されていて、韓国の見解には異論が唱えられているのであるというものであった。

これらの多数の反対意見の表明にも関わらず、市議会は市議会の報告書にあるように、4対1で、「韓国姉妹都市平和記念碑」を承認した。グレンデール市長のデーブ・ウィーバー氏は反対した。そして、彼はその後に書いた手紙の中で、姉妹都市のひとつである東大阪市の野田市長に対して、慰安婦問題は「日本と韓国の間の問題であり、グレンデール市がそれに関与すべきではない」と述べている。

市議会が承認した３週間後の２０１３年７月３０日に、重量５００キロの慰安婦像と碑文などからなる公的記念碑が中央公園に設置された。前に述べたように、記念碑は日本政府が２０万人の女性を強制連行し、「性奴隷化」したと糾弾し、それは「不当な人権蹂躙」であるとし、日本政府に「その罪に対する歴史的な責任を認めることを要求する」としている。７月９日の市議会では、この文言は提出されず、よって承認されることはなかった。

２０１３年７月３０日にこの公的記念碑の建立された後、市議の一人であったローラ・フリードマンは、「我々はこれでグレンデール市を世界地図に書き入れた」と述べた。

この公的記念碑の建立は、反対派に撤去を要求する運動を展開させることになった。オバマ大統領が始めた「われわれが市民だ」と称するウェブサイトに２０１３年中に１０万８千の撤去要請署名が集まった。

日本政府の記念碑に対する反応：

日本政府の公的記念碑の建立に対する不快意見の表明として以下のものがあげられる。

２０１３年７月２４日、外務省報道官　佐藤 地

２０１３年７月２５日、東大阪市長　野田義和

２０１３年７月３１日、駐米日本全権大使　佐々江賢一郎

２０１３年７月３１日、内閣官房長官　菅義偉

２０１３年８月１３日、総理大臣　安倍晋三

２０１４年1月１６日、松浦芳子をはじめとする日本の地方自治体議員３２１名

米国行政府の慰安婦問題に対する立場：

米国の行政府は外交を行う主要な権限を持っているが、東アジアの主要な同盟国間に起こっている慰安婦問題に関しては、米国は出来るだけ関与しない方針で来ている。（以下省略）

公的記念碑は原告に対して治癒できない権利侵害をもたらす。

声高で国際的な反対に関わらずグレンデール市はこの公的な記念碑を建てたので、原告はこの告訴をするに至った。

この公的記念碑をグレンデールの中央公園に残存させると、ギンガリー、目良、そしてGAHT-USの会員に治癒できない権利障害を発生させる危険がある。グレンデールの長期居住者で、グレンデールの姉妹都市活動に深く関与してきたギンガリー氏にとって、中央公園内の姉妹都市のために指定された区画にあるこの公的記念碑の存在は中央公園を訪問すること自体を苦しみと化してしまい、公園の便益を消去してしまうことになる。

公的記念碑の存在は、目良氏を含むGAHT-USの会員にも同じような公園の便益を消去することになる。

原告は、これらの権利障害を除去する術を持たない。

もしこの公的記念碑が除去されれば原告は元通りに公園の便益を享受できる。

原告と被告の間には、問題が現実的に起こっている

原告は、公的記念碑が連邦行政府が独占的に行う権限を持っている外交権を侵害し、憲法違反であり、又、グレンデールの公的記念碑の建立は、自らの市条例に違反している。

原告は被告が原告の主張に合意していないことを知らされてきた。

従って、原告と被告の間には法的な問題があり、今やグレンデールの記念碑建立の合法性について決定する必要がある。

救済の第一の要求

外交権への憲法上の不当な介入

公共記念碑の建立は慰安婦に関する歴史的な議論に関する連邦行政府の外交に関する基本的な権限を踏みにじるものである。公共記念碑は最上権規定（シュープリーマシー・クローズ）にも違反する。

行政部の外交分野の権限は、州または地方自治体の行動が連邦政府の外交政策に偶発的か間接的な影響を持つ場合か、それを妨害する、または当惑させる可能性がある場合には侵害されるのである。

グレンデールの公共記念碑の設置は偶発的または間接的ではなく、直接的に米国の外交に影響を与える。グレンデールは慰安婦の歴史の正当な扱いに関する論争について、政治的に微妙な国際的な問題について特定の立場を採択したのである。更に詳細に述べると、慰安婦像

のそばに置かれた文字盤に扇動的な言語を使用して、グレンデールは日本政府が表明している立場を否定しているのである。

この公共記念碑は連邦行政府が実施している外交政策と次の二点において異なる：（１）アジアの最も重要な同盟二ヵ国間にある傷つきやすい歴史的、政治的な議論に関与しない方針、（２）現在の二国間の政府対政府の外交交渉を促進させる方針。

日本政府の最高級責任者が明言しているように、グレンデールの行為は連邦行政府がこの論争になっている問題について実施している微妙な外交方針を阻害する可能性がある。この公共記念碑は米国政府のアジアの同盟国との外交関係を阻害し、この世界の中ですでに緊張が高まっている重要な地域との関係を不安定にする可能性がある。

グレンデールの行為は外交について見解を表明することで、伝統的な州の権限であると主張することは出来ない。

グレンデールの市議会がこの公共記念碑を承認したことはその権限を越えた行為であり、米国憲法が規定した外交権限に違反するものであり、最上権規定にも違反する。したがって、公共記念碑は除去されるべきである。

（オチョア氏の行動に関する記述は省略）

救済の第二の要求

グレンデール市条例違反

（グレンデール市条例２．０４．１４０項の説明は省略）

この公共記念碑は市条例２．０４．１４０項に照らし、正当に承認されたものではない。記念碑の重要な部分として碑文があり、そこに「女性を強制連行し、性奴隷とした」責任を日本国に追及しているが、この件については市議会に提出されてもなく、又、必要な承認もされていない。事実、市議会への提案には「日本」の文字は全く出てきていないのである。そして、最終的に文字盤に書かれたことは市議会で説明されたものとは異なる。

従って、記念碑の設置は市条例に違反する。

救済への願い

従って、原告は以下の救済を要望する。

１．裁判所は、グレンデールの公共記念碑を憲法違反であると宣言し、無効とする。

２．裁判所は、予備的に、又永遠に被告のそれぞれに、グレンデールの公有地から除去する。中央公園の近傍にあってはならない。

３．裁判所は、規則に従って、原告に弁護士費用を含む裁判費用の支払いを命じる。

４．裁判所が適当であると判断すれば、他の救済も命じる。

２０１４年2月２０日

メイヤー・ブラウン弁護士事務所

（弁護士名、原告名省略）

連邦第九巡回区控訴裁判所
判決（抄訳）

２０１６年8月4日
米国第九巡回区控訴裁判所

ミチコ・シオタ・ギンガリー、個人
目良浩一、個人、GAHT-US 社、カリフォルニア州非営利団体
原告・控訴者
対
グレンデール市、自治体
被告・被控訴者

受理番号　１４－５６４４０
米国連邦カリフォルニア中部地区地方裁判所
担当：判事パーシー・アンダーソン
判決の控訴
担当判事：スティーブン・ラインハート、キム・マクレーン・ワードロー、
共に巡回区控訴裁判所判事：エドワード・コーマン、上級地区裁判所判事
――
ワードロー判事の見解

序文　（省略）
Ⅰ．経過と事実　（省略）
Ⅱ．審査の基準（省略）
Ⅲ．検討結果

A．原告の資格
まず被告がこの外交権限を侵犯したとする主張をする権利が原告

にあるかどうかを検討しなければならない。この第三項資格を確定するには、以下の３条件が必要である：（１）損害が具体的で特定的であることとそれが実際に起こっているか起こりそうになっていること、（2）その損害が訴訟されている行為に大体において起因すること、（3） その損害が裁判所が好ましい判断をすれば除去できることである。（以下省略）

これらの手続きと同じように、我々は目良がグレンデールの中央公園を自由に懸念なく使用できないことは第三項資格に適合する損害であると結論する。（参照判例省略）エリス対ブオノの判例の様に、目良は以前に訪問し、再訪問したいと考えている公有地の訪問を市がそこに展示している物によって気分を害するので、訪問を控えていると主張している。（途中省略）これらの主張は、損害があったことの条件を満たしている。

目良の損害は、問題となっている行為に大体において起因する。（以下省略）

最後に、目良は裁判所が好ましい判決をすれば、その損害が除去されることを示している。（以下省略）

従って、我々は目良は第三項資格の条件を満たしていると結論し、条件を満たしていないとした地方裁判所の結論は誤りである。（以下省略）（注１）

B．請求の根拠なし

地方裁判所は、グレンデール市の慰安婦像の設置が連邦政府の外交権の侵害であるという原告の主張には根拠がないと判断した。告訴上の主張を原告に最も有利な観点から考えても、我々はグレンデールの記念碑の設置は州の伝統的な責務の範囲内で、連邦政府の外交権を侵害するものではないと結論する。この点では、我々は外交権の侵害はないとする地方裁判所の判決に同意する。

連邦政府が外交の分野では独占権を持っていることはよく知られている。（省略）外交分野での理論では、州の法律は連邦政府の独占権に抵触するのは「衝突侵害」と「分野侵害」に分けられる。衝突侵害の場合には、両者の間に明らかな衝突がある場合で、その場合には、州政府が連邦政府の権威に合致するように調整しなければならない。分野侵害の場合には、連邦政府の明示的な政策が無い場合でも、以下の場合には侵害が成立する。第一に、州政府の行為の「真の目的」が伝統的な州（地方政府を含む）の権限外にある場合、第二に、連邦政府の権限を侵食する場合である。（注２）ここで、原告はグレンデールの記念碑の設置が連邦政府の慰安婦に関する政策と衝突するとは主張していない。事実、告訴状では、米国政府は終始一貫してこの件について立場を明らかにするのを避けてきたとしている。実際、原告は分野侵害論を唱えている。

分野侵害論においては、州や地方自治体が外交関係の問題に対して補償事業や法規制を設けてその権限を超過する例がみられる。フォン・ザヘール対サイモン美術館の件（２０１０）を例にとれば、カリフォルニア州の法律がホロコースト時期の盗まれた美術品の回復の時効を延長したのであるが、それは外国の補償に関する裁判所の審議を必要とし、それができるのは「戦争開始と終結の権限」を持つ連邦政府だけであるので、分野侵害が成立する。より最近では、この裁判所でのモヴェシアンの案件があり、この裁判所は全員参加で審査した。この件はカリフォルニア州の法律で「アルメニア虐殺」の犠牲者には保険の請求期限を延長するものであったが、その法律は連邦政府の外交権の侵害であると結論付けられた。我々はそのカリフォルニア州の法律が「特定の外交政策について明確な見解を表明している」と判断したが、更に、その法律は「外国の保険会社がカリフォルニアで法廷闘争する」ことになりかねなく、「外国の事件について極めて政治的なやり取り」が行われることになると考えたのである。

補償事業や法令については今まで扱ってきたが、これまで我々が考慮しなかったものは、州や地方自治体が陳列物や行事によって外交についての意見を表明することが許されるかどうかという問題については考慮していない。（省略）この件はモヴェシアンの件に類似しているが、我々が直接に考慮しなかった問題である。つまり地方自治体は連邦政府の法律上の制限（シュープリーマシー・クローズ）の下でどこまで外交に関する見解を公共記念碑によって表現することが許されるかという問題である。

まず、グレンデールが人権侵害に反対して公的記念碑を建てることは、伝統的な州や地方自治他の役割に十分含まれる行為である。（省略）例えば、地方自治体はホロコーストやアルメニアの犠牲者のための記念碑を建ててきているし、地方の指導者は１９８０年代の南アフリカのアパルトヘイトから最近のボコ・ハラムに至るまでの外交に関する問題を取り上げてきている。記念碑を第二次世界大戦における慰安婦の苦境に捧げることによってグレンデールは、遠隔の地で起こった事象に公的記念碑を建ててきた多数のアメリカの都市の列に参加したのである。

しかし、原告はグレンデールの「真の目的」は外交に参入することであると主張している。我々はこの見解に反対である。記念碑の文字盤には、グレンデールが自ら定めた目的が示されている。それは（1）慰安婦の記憶を保持すること、（2）グレンデールが設定した「慰安婦の日」と下院が慰安婦のための責任を決議したのを祝うこと、そして（3）このような不当な人権侵害が二度と起こらないことを心から希望することである。（注3）犠牲者を記念し、他の人がそのような運命にならないことを希望することは、地方政府の伝統的な活動である市民に情報と価値を伝える機能の範囲にある。しかも、グレンデールの市議の一人が「我々はグレンデール市を世界地図に載せた」と言ったが、それは外交についての伝統的な意見の交換と矛盾しない。（省略）従って、グレンデールが慰安婦記念碑を建てた真の目的は、伝統的な州の役割に含まれるのである。

次に、もしグレンデールが伝統的な州の役割から離脱していたとしても、原告はグレンデールの行為が連邦政府の権限を侵害したという主張を明確にしていない。判例によれば「連邦政府の外交権を侵害するには、州や市の行為が外交に関して偶発的とか間接的ではない影響を持っていなければならない」。原告は一般的にこの記念碑が米国の日本に対する外交に悪影響があると主張しているが、原告はその主張で具体的にどのような影響が出たのか、または出るであろうということについて明確に述べていない。原告は日本の様々な政府職員が記念碑を非難したことを述べているに過ぎない。（注4）しかし、原告はこれらの不快感の表明が米日関係にどのような影響を与えたかについて述べていない。更に、原告は連邦政府がこの記念碑についてどのような見解を表明したかを述べていないし、外交交渉の障害になるという情報もない。したがって、原告はグレンデールの記念碑の設置が「外交において偶発的か間接的な影響」以上の影響力を持つことを示していない。

他の州の案件とは異なり、グレンデールは個人または外国政府の権限や責任に影響を与える行動はとっていない。（省略）ただ、歴史的な悲劇であると考えられる人々を記憶する象徴的な記念碑を建てて、グレンデールは地方自治体の表現力を適切に用いたのであるが、連邦政府の権限には介入しなかった。

グレンデールの慰安婦像の建立は伝統的な州政府の権限内にあり、連邦政府の外交権に抵触するものではない。したがって、原告のグレンデールの行為が連邦政府の権限を侵害したとする主張は棄却する。

C.（省略）

Ⅳ．結論

憲法は市町村が外交に関与することに厳格な制限を課している。我々は、グレンデールが慰安婦像を設置したことはこの制限を超過するものではないと結論する。したがって、地方裁判所の原告の申請の却下は正当なものである。

他の判事の賛同あり

〔著者による注釈〕

注１：この点では、地方裁判所の判決と比べれば、成功している。

注２：この「真の目的」は重要である。我々の解釈は、グレンデールの慰安婦碑の「真の目的」は、日本を非難することで、慰安婦の苦難を記念することではないと信じている。

注３：碑文のこの解釈がこの判決の鍵である。慰安婦の記念日を祝う文には、明瞭に日本政府を糾弾する文言が入っている。判事らは、それを都合よく、見過ごしているのである。そのために、判決の方向がグレンデール市に有利になっている。

注４：日本の総理大臣が不快感を述べているのであるが、それがこのように軽く扱われている。判事は日本行政責任者の発言を極めて軽視している。この判決の後に、原告が米国連邦最高裁判所に上告して、その後に出された日本政府からの意見書（アミカス・キュリエ）（２０１７年2月２２日提出）がこの時期に提出されていれば、判決は大きく違っていたに違いない。

日本政府による意見書
（GAHTによる日本語訳）

請願番号 16-917
米国最高裁判所　御中

請願人：目良浩一及び法人 GAHT-US
対
被請願人：グレンデール市

米国連邦第９巡回区控訴裁判所訴訟案件を
最高裁判所へ移管する請願に関して

請願人（目良・GAHT）を支持する
日本政府の意見書

ジェシカ　L.　エルスワース
最高裁登録弁護士
（住所、電話番号、メールアドレスは省略）

＊弁護士事務所員の指導の下で
ニューヨーク州のみで認可
第三者意見書弁護士

目次

頁

引用文献リスト………………………………………………………………… 3

本訴訟での法廷助言者としての日本政府の関心事………………… 7

陳述の纏め……………………………………………………………… 13

陳述……………………………………………………………………… 13

連邦政府が外交を独占する権限

A. 外交独占権 …………………………………………………… 13

B. 第９巡回区が創り出した表現権が外交独占権に優るとする例外は、（最高裁で）審理されるべきである ……………… 15

C. 日韓の関係は壊れやすく、慰安婦問題で米国が矛盾する見解を表明する事で混乱が生じかねない…………………… 19

結論……………………………………………………………………… 21

引用文献リスト

判例： 頁

Aldrich v. Knab, 858 F. Supp. 1480 (W.D. Wash. 1994) …………… 19

American Ins. Ass'n v. Garamendi, 539 U.S. 396 (2003) ………… 15,17

Crosby v. National Foreign Trade Council, 530 U.S. 363 (2000)……11,15,17

Hines v. Davidowitz, 312 U.S. 52 (1941) ………………………… 15

Hwang Geum Joo v. Japan, 413 F.3d 45 (D.C. Cir. 2005) …………… 13

Muir v. Alabama Educ. Television Comm'n, 688 F.2d 1033
(5th Cir. 1982) (en banc)……………………………………………… 19

National Foreign Trade Council v. Natsios, 181 F.3d 38 (1st Cir. 1999),
aff'd sub nom. Crosby v. National Foreign Trade Council,
530 U.S. 363 (2000) …………………………………………………… 11

Zschernig v. Miller, 389 U.S. 429 (1968) ……………………… 13,17

その他：

Announcement by Foreign Ministers of Japan and the Republic of Korea
at the Joint Press Occasion (Dec. 28, 2015) ………………………… 9

Brief of the Government of Japan as Amicus Curiae in Support of
Petitioners,F. Hoffmann-La Roche Ltd. v. Empagran S.A.,
No. 03-724, 2004 WL 226390 ……………………………………… 11

Harvey Starr, Henry Kissinger: Perceptions of
International Politics (1984) ……………………………………… 17

Press Statement, John Kerry, Secretary of State, Resolution of the
Comfort Women Issue (Dec. 28, 2015) ………………………………… 9

Prime Minister Shinzo Abe, "Toward an Alliance of Hope",
Address to a Joint Meeting of the U.S. Congress (Apr. 29, 2015) …… 11

Statement of Interest of the Government of the United States
in Support of the Government of Japan, Rosen v. Japan, No. 01 C 6864
(N.D. Ill. Mar. 11,2003) ………………………………………… 15,19

Summary of Remarks by Mr. Shinsuke Sugiyama, Deputy Minister for
Foreign Affairs, Question and Answer Session, Convention on the
Elimination of All Forms of Discrimination Against Women
(Feb. 16, 2016) …………………………………………………… 19

米国最高裁判所　御中

請願番号 16-917

請願人：目良浩一及び法人 GAHT-US
対
被請願人：グレンデール市

米国連邦第9巡回区控訴裁判所訴訟案件を
最高裁判所へ移管する請願に関して

請願人（目良・GAHT）を支持する日本政府の意見書（＊1）

＊1：いかなる当事者もまたその弁護士もこの意見書の一部または全部の著述に関わったことはない。第三者意見書を提出する日本政府以外の当事者とその弁護士もこの意見書の準備・提出に関して金銭的な貢献をしてはない。全ての当事者には少なくとも10日前にその意見書が提出される意向が通知され、その提出に書面で同意した。それらの書類は裁判所事務室に保管されている。

本訴訟での法廷助言者としての日本政府の関心事

合衆国連邦政府は、第二次世界大戦中の慰安婦問題での日韓間の争いを公平で友好的に解決する様に促している。本裁判は、グレンデール市がこの外交方針を混乱させる事が憲法上許されるのか、と言う問題をはらんでいる。

連邦政府は長年に亘り、同盟二ヶ国が外交的に解決するように支持し続けて来た。その為に、米国政府は注意深く一貫してこの問題で煽るような意見の表明を控えて来た。

慰安婦問題は意見が対立する、政治的に敏感な問題である。

2013年にグレンデール市がその中央公園に慰安婦を記念して国際的な人権侵害をしたとして日本を糾弾する公共の碑を設置した当時、

日本と大韓民国（韓国）は問題を解決し更に前進する道を探し求めて、二ヶ国間で話し合いの最中だった。米国は外交ルートを通じ、二ヶ国が話し合いで解決する様に促していた。碑の設置に対して、日本政府高官はこれを憂慮する声明を発した。Pet. App. 53a-54a 参照のこと。

〔訳者注：「Pet. App. 53a」とは、GAHT 提出の最高裁判所再審理請願書（Petition）の補遺（Appendix）の 53a 頁を意味する（設置直後に出された在米日本大使と首相のコメントが引用されている）〕

本裁判が係争中の 2015 年 12 月に、日本政府と韓国政府は両国間の将来の協力の基礎となる合意に達した。

参照：日韓両政府外務大臣による 2015 年 12 月 28 日の共同記者会見での声明（＊２）

＊２：http://www.mofa.go.jp/a_o/na/kr/page4e_000364.html

その合意は米国の支援を得て成し遂げられ、且つ米国は歓迎した。ジョン・ケリー国務長官は「米国にとって大事な同盟国である両国間の関係がこの合意によって癒され改善される事を信じる」と強調した。

参照：ジョン・ケリー国務長官の 2015 年 12 月 28 日日韓合意に関しての記者会見声明（＊３）

＊３：https://2009-2017.state.gov/secretary/remarks/2015/12/250874.htm

米国政府は「この合意を達成した勇気と洞察力ある日韓の指導者たちを称賛し」、「国際社会が合意を支持する事を呼びかけ」、そして「両国が経済的な連携と安全保障の協力面で、地域と世界の問題に前向きな取り組みを継続する事を期待した」。（典拠：同上）

2015 年の合意は、日韓間の慰安婦問題を「最終的かつ不可逆的」（典拠：同上）に解決するもので、両国が「本問題について国際社会において互いに非難・批判する事は控える」誓約を含むものである。（上記共同記者会見での日韓両国外相による発表）

グレンデール中央公園にある碑は、慰安婦問題での日本政府の外交的努力に対して際立った障害物となっている。その碑は 2015 年の日韓合意精神に反し、且つ合意の円滑な実行も邪魔するからである。日本政府は、この碑の存在が日本政府ばかりではなく、米国、韓国政府にとっても外交上際立った障害物であるとの見解を持つ。

日本は米国の重要な同盟国である。参照：安倍首相の「希望の同盟」（2015年4月29日連邦議会上下両院合同会議での演説：日米関係を「堅牢さを備え、深い信頼と、友情に結ばれた同盟」と述べた）（＊４）実際の所日本は外交政策を話し合う事の出来ない州や地方政府等でなく、寧ろ連邦政府が作る米国の外交政策に重大な関心を持っている。

参照：全米貿易協議会 対 ナトシオス (181F.3d 38,54)（第１巡回区控訴裁判所1999年判決）〔訳者注：被告マサチューセッツ州財政総務長官の名前〕〔訳者注：ビルマ企業との取引禁止は憲法違反と訴えた裁判。原告：全米貿易協議会、被告：マサチューセッツ州政府担当責任者〕National Foreign Trade Council v. Natsios, 181 F.3d 38, 54 (1st Cir. 1999)、同案件での変更後の最高裁での訴訟名：Crosby v. National Foreign Trade Council, 530 U.S. 363 (2000)

＊４：http://japan.kantei.go.jp/97_abe/statement/201504/uscongress.html

日本政府が当法廷に第三者意見書を出す例は少なく、中核的な国家利益が関わる訴訟だけに関与を限定している。（参照：日本政府の請願人を支持する意見書 F. Hoffmann-La Roche Ltd. v. Empagran S.A., No. 03-724, 2004 WL 226390.）。日本政府は本請願が採択される事を強く求め、そして第９巡回区の判決を当法廷が再検討する重要性が認識されることを希望する。

陳述の纏め

米国の国家としての慰安婦問題に対する歴史的な慣行は、第二次世界大戦からの残された他の課題と同様に、Hwang Geum Joo 対日本政府訴訟のコロンビア地区巡回区 2005 年判決に見られるように、「日本との国家間の話し合いで確立された外交方針を通して」対処してきている。

確立された外交方針の一つの理由は、「日韓間の脆い関係を壊すよりは寧ろ尊重する事」（典拠：同上　米国の利益に関する声明 34-35）にある。グレンデール市の慰安婦碑はこの確立された外交方針を妨げ、又離反している。

第９巡回区裁判所は、その判決を支える判例や原則を何も示さずに、グレンデール碑を適法とする判決を下した下級審の判断を是認した。当最高裁判所を含む法廷でのこれまでの判例は、連邦政府以外の機関が外交を担う事に首尾一貫して用心深かった。そして第一原則は、外交は高度な慎重さが求められる領域だから、法廷は用心深いことが正しい事を示している。日本政府は本最高裁の法廷が第９巡回区裁判所の判決を再審理する事を求める。

何故ならその判決は、憲法が定めた米国連邦政府が独占権を持つ外交政策の領域に、州と地方政府に表現の自由の特権を許すものであり、それによって米国自身と日本の様な親密な同盟国との関係に害を及ぼす危険をはらむことになるからである。

陳述
連邦政府が外交を独占する権限

A. 外交独占権

最高裁で下された幾つかの判例は、連邦政府が外交を独占する権限を再確認した。判例「Zschernig v. Miller, 389 U.S. 429, 430 (1968)」で裁判所は、非居住外国人が死亡したオレゴン在住者の遺産を財産として受け取る事を制限するオレゴン州遺言書内容確定法を、違法と断じた。(典拠：同上 340)。同法は「同州による憲法で大統領と議会に託した外交権への侵犯である」と判決を下した。(同上 432)。州は「伝統的に不動産相続と財産の分与を規制して来た」が、だからと言って同法を認めるには十分でない。何故なら「各州が遺産相続確認裁判を通して発信したら、独自の外交政策が確立されてしまう危険がある」(同上 441) からである。

〔訳者注：オレゴン州にある遺産相続をめぐってその相続を求めたアメリカ系東ドイツ人と州法に基づき相続人不在で遺産没収を行った州政府で争われた。オレゴン州最高裁は州外ドイツ人の訴えを斥けて州政府の言い分を認めたが、最高裁は州法が外交権の独占を認めた憲法違反として州最高裁の判断を斥けた〕

その数十年後の訴訟 (Crosby v. National Foreign Trade Council, 530 U.S. 363, 366 (2000)) では、マサチューセッツ州公社が「ビルマと取引をする企業からのモノとサービスの購買」の「権限の制限」をするマサチューセッツビルマ法を最高裁判所は違法とした。その判決で「同法は憲法の非常大権条項下で無効」(同上) とした。そして、マサチューセッツ法が米国の「同盟国と貿易相手国」(同上 381-82) からの苦情を招く事によって、「他国との交渉で米国を代表して大統領が一つの見解を発するその権能」を弱めたと認めた。

カリフォルニア州が 1999 年のホロコースト犠牲者保険救済法 (HIVIRA) を制定し、「同州で商売をする全ての保険会社は 1920 年から 1943 年の間に欧州でその会社自身か或はそのいかなる "関連会社" が販売した保険の情報開示」を求めたが、最高裁判所は同法を違法と断じた。(American Ins. Ass'n v. Garamendi, 539 U.S. 396, 401 (2003))

最高裁判所は、「同法は許されざることに連邦政府の外交関係運営を妨げた」(同上) と判決した。そして「伝統的な州の立法上の題目とする背景に反して、HIVIRA の方法によるホロコースト時代の保険証券の開示を規制する事の州政府の正当性が薄弱である」(同上 425) を注記した。

上記の様な外交独占の判例は、外交独占権限が米国政府に委ねられているとする尊い原則を確認するものである。

参照：Hines v. Davidowitz, 312 U.S. 52, 63 (1941)（そこには、「我々政府の制度は、市・郡・州の利益は、全米人民の関心に他ならず、外交分野における連邦政府の権限は地方の妨害から完全に免れる事を、厳然として求める」とある）

以下（第９巡回区裁判所）の判決は最高裁判所の首尾一貫した立場と裁定から逸脱し、それらと相違しているので、再検討されるべきである。

B. 第９巡回区が創り出した表現権が外交独占権に優るとする例外は、（最高裁で）審理されるべきである

上記で引用した複数の判例は、米国が「憲法の下では、米国の外交と国際関係は連邦政府に託されている」とする米国政府の立場を確認するものである。参照：日本政府が支持する米国政府の関心 Rosen v. Japan, No. 01 C 6864 (N.D. Ill. Mar. 11, 2003)（米国ローゼン裁判関心声明）

第９巡回区裁判所の判決は最高裁の判例との比較で明らかなように、上記に述べた米国政府の方針に一致しない。最高裁は、保険規制と財産法が関係しても外交政策と関連する場合は、伝統的な州の責任範囲でないとする立場を保持している。参照：Zschernig, 389 U.S. at 441; Garamendi, 539

それにも拘らず第９巡回区控訴裁判所は、「グレンデール市が **'人権侵害'** に対して広報する為に公共の碑を建立した事は、州や地方政府の伝統的な責務の範囲内」であると判決を下した。その理由は「犠牲者を記念し他者が同様な被害に遭わない事を望む事」は、市民にその見解と価値を知らしめる地方政府の伝統的な機能と一致する、とした。参照：Pet. App. 12a - 13a

この水準の抽象的概念の考慮で、グレンデール市の碑は地方政府の伝統的な機能と「一致している」とするのであろう。しかし「Zschernig and Garamendi」の判例で言えば、これは適切な政府の関心事の分析ではない。（参照：Zschernig, 389 U.S. at 441; Garamendi, 539 U.S. at 425）。そしてグレンデール市幹部は公然と、その碑は「グレンデール市を実際に世界地図の中に表示した」とし、慰安婦問題は「市自身とは全く関連が無く、主に日韓間の国際問題であった」（Pet. App. 53a）と公言した。

その上に第９巡回区裁判所の判決は、「様々な日本政府高官が碑に対する反対意見を表明した」（Pet. App. 14a）ことを、Crosby 裁判では重視されているにも関わらず、ここでは全く考慮していない。（参照：Crosby, 530 U.S. at 382）

同様に第９巡回区裁判所は、「連邦政府が碑に関して何等かの見解を出して来た」（Pet. App. 14a）事を請願人が主張しなかった事実に、かなり重きを置いている様だ。これを Zschernig 裁判と比較するが良い。そこでは問題の法が米国の外交政策に不当に抵触するものではないと国務省が確約したにも拘わらず、本裁判所はその問題の州法を外交権独占原則の理由で無効との判決を下した。(参照：Garamendi, 539 U.S. at 417）

第９巡回区裁判所の判決は、（市の）表現の自由を優先する例外を創り出して外交独占を歪曲した。（Pet. App. 11a.）

この新たに創り出された例外を支持するいかなる判例も第９巡回区裁判所にはない。確立された外交独占権原則下で表現活動が緩やかな精査を受ける事を示唆するものは、判例に全くない。この第９巡回区裁判所の判決は、「外交政策の殆ど全部は言葉である」（Harvey Starr, Henry Kissinger: Perceptions of International Politics 84 (1984)）点から、外交独占権に埋め込まれた実に奇妙な但し書きである。

更に加えて、斯かる外交独占権の制限は、グレンデールの様な市の言論は憲法上保護されていないことから、全く意味をなさない。（See Muir v. Alabama Educ. Television Comm' n, 688 F.2d 1033, 1038 n. 12 (5th Cir. 1982) (en banc)（「政府の表現権は、憲法修正第１条で保護されていない事から、個人の表現の自由がそのまま適用されるのは許されない事であり、立法の制限下に置かれるべきであろう」Aldrich v. Knab, 858 F. Supp. 1480, 1491 (W.D. Wash. 1994)）（「私営放送局と違い政府の放送局は憲法修正第１条を享受しない」とする判決）

米国は以前から日本の支持を強調しているので、「米国は国際関係においては一つの統一した見解を発すべきである」。（参照：U.S. Rosen Statement of Interest 50）

その「（見解を）発する」とする単語の出現は偶然でない。外交方針は行動と同時に言葉による表現も大事である。グレンデール市は像を設置して、外交方針を表明しそれを世界に発信したのである。

再審請願書の採択は、米国政府がこの慰安婦問題での外交政策において、発信すべき又首尾一貫して出して来た統一的なメッセージを、一

◇著者◇
目良浩一（めら・こういち）

「歴史の真実を求める世界連合会」代表。

1933 年、朝鮮京城府に生まれる。東京大学工学部建築学科卒。同修士課程修了直後に、フルブライト留学生として渡米。ハーバード大学博士課程修了（都市地域計画学）。

ハーバード大学で経済学の助教授を務めた後、1969 年から世界銀行の都市開発局に勤務、同銀行の開発方針作成に従事。1975 年には、筑波大学の社会工学系教授を務める（都市計画担当）。1982 年に世界銀行に復帰、地域開発アドバイザーとなる。1986 年、東京国際大学商学部教授に。1995 年から 2008 年まで、南カリフォルニア大学の国際ビジネス授業担当教授。

2006 年、ロサンゼルスにて「非営利法人・日本再生研究会」を立ち上げ、理事長職に。2014 年には「歴史の真実を求める世界連合会（GAHT）」を発足させ、現在も代表を務めている。

おもな著書に、和書として『マッカーサーの呪いから目覚めよ日本人！』（編著・桜の花出版）、英書として『*Comfort Women not "Sex Slaves": Rectifying the Myriad of Perspectives (English Edition)*』（Xlibris US）、『*Whose Back Was Stabbed? : FDR's Secret War on Japan*』（Hamilton Books）がある。

https://gahtjp.org/

アメリカに正義はあるのか　グレンデール「慰安婦像」撤去裁判からの報告
平成 30 年 4 月 30 日　第 1 刷発行

著　者　目良浩一
発行者　日高裕明
発　行　株式会社ハート出版

〒 171-0014 東京都豊島区池袋 3-9-23
TEL03-3590-6077　FAX03-3590-6078
ハート出版ホームページ　http://www.810.co.jp

乱丁、落丁はお取り替えいたします（古書店で購入されたものは、お取り替えできません）。

ISBN978-4-8024-0055-8　印刷・製本 中央精版印刷株式会社

朝鮮出身の帳場人が見た **慰安婦の真実**

文化人類学者が読み解く『慰安所日記』

韓国で刊行された話題の書『日本軍慰安所管理人の日記』の原典にあたり、その記述と内容を精査。

崔 吉城 著
ISBN978-4-8024-0043-5　本体 1500 円

日本軍は本当に「残虐」だったのか

反日プロパガンダとしての日本軍の蛮行

従軍慰安婦・南京大虐殺の次は、人肉食に捕虜虐待!?
世界に広がる反日勢力の嘘を、正面から論破せよ。

丸谷元人 著
ISBN978-4-89295-991-2　本体 1800 円

アメリカ人が語る

アメリカが隠しておきたい日本の歴史

「真実を語ること、それはヘイトスピーチではありません」――。海兵隊出身の著者が、母国アメリカの嘘を告発。本当の歴史を、日米２カ国語で併記。

マックス・フォン・シュラー 著
ISBN978-4-8024-0028-2　本体 1500 円

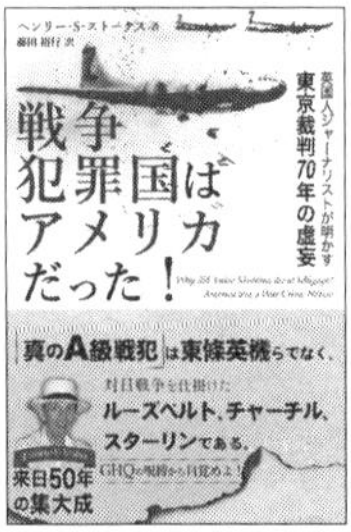

戦争犯罪国はアメリカだった

英国人ジャーナリストが明かす 東京裁判70年の虚妄

ＧＨＱの呪縛から目覚めよ！「真のＡ級戦犯」は、ルーズベルト、チャーチル、スターリンである。

ヘンリー・S・ストークス 著　藤田裕行 訳
ISBN978-4-8024-0016-9　本体 1600 円